Wolfgang Menzel

Grammatik-Werkstatt

Theorie und Praxis eines
prozessorientierten Grammatikunterrichts
für die Primar- und Sekundarstufe

Klett | Kallmeyer

Bibliografische Information der Deutschen Nationalbibliothek
Die Deutsche Nationalbibliothek verzeichnet diese Publikation in der Deutschen Nationalbibliografie;
detaillierte bibliografische Daten sind im Internet über http://dnb.d-nb.de abrufbar.

Impressum

Wolfgang Menzel
Grammatik-Werkstatt
Theorie und Praxis eines prozessorientierten Grammatikunterrichts
für die Primar- und Sekundarstufe

7. Auflage 2021

Das Werk und seine Teile sind urheberrechtlich geschützt. Jede Nutzung in anderen als den gesetzlich
zugelassenen Fällen bedarf der vorherigen schriftlichen Einwilligung des Verlages.

© 1999. Kallmeyer in Verbindung mit Klett
Friedrich Verlag GmbH
D-30159 Hannover
Alle Rechte vorbehalten.
www.friedrich-verlag.de

Druck: Plump Druck & Medien GmbH, Rheinbreitbach
Printed in Germany

ISBN: 978-3-7800-2021-5

Inhalt

Vorbemerkungen	5
Konzepte der Schulgrammatik	8
Wissenschaftliche Grammatik – Schulgrammatik	11
Grammatik-Werkstatt	12

Werkstattarbeit in der Grundschule — 19

Spiele mit Wörtern	19
Der Aufbau der Wörter: Wortbetonung und Wortschreibung	25
Der Aufbau der Wörter: Offene Silbe – geschlossene Silbe	28
Nomen und Namen und ihre Großschreibung	31
Signale für Nomen*	37
Wo ist eigentlich ein Satz zu Ende?*	41
Erste Einblicke in Satzglieder: „Muss es denn ausgerechnet das Subjekt sein?"*	46

Werkstattarbeit in der Sekundarstufe I — 51

Attribuierung von Nomen*	51
Experimente mit den Wortarten:	54
Adjektive	56
Verben	62
Nomen, Adjektive, Pronomen, Präpositionen	64
Zeitformen	67
Experimente mit Satzgliedern	72
Subjekt – Subjekte	78
„Klasse! – Spitze!" Experimente mit jugendsprachlichen Ausdrücken	85
Warum heißt es „nach Hannover", aber nicht „nach der Stadt"?	90
Dass-Satz oder Das-Satz?	93
Vom Aufbau der Wörter mit dem so genannten „Dehnungs-h"	99
„Sie ist größer als wie ich" – Steigern und Vergleichen	107
Von „falschen" Weil-Sätzen, die das Sprachempfinden beleidigen**	114
Bestimmter und unbestimmter Artikel**	124
Gegensatz-Beziehungen**	129
Rhetorik und Stilistik der Satzgliedstellung**	140

---

* Anregungen für das 4./5. Schuljahr
** Anregungen für das 9.–11. Schuljahr

Werkstattarbeit in der Sekundarstufe II — 157

Experimente mit den Konjunktiven — 157
Probleme mit Finalsätzen — 165
Satzgefüge und Kommasetzung — 170

Literatur — 181

Sachregister — 182

Vorbemerkungen

Dieses Büchlein ist keine Einführung in die Schulgrammatik, sondern eine Einführung in einige ihrer Methoden. Wer es liest, erhält keinen Überblick über die Wort- und Satzlehre, sondern einen Einblick in Verfahren, nach denen man mit Schülerinnen und Schülern einzelne Probleme der Wort- und Satzlehre sowie des grammatisch richtigen bzw. zweifelhaften und immer wieder den Korrekturen ausgesetzten Sprachgebrauchs erarbeiten kann. Die Modelle sind also nicht einzelnen Systemen der Grammatik verpflichtet, die wie die Wortarten oder Zeitformen im Überblick dargestellt werden, sondern einem didaktischen Prinzip, das Ihren Unterricht, in dem Sie mit den Schülerinnen und Schülern über Sprache nachdenken, mitbestimmen sollte. Es werden hier also gleichsam Türen geöffnet, durch die hindurch Sie als Lehrerin oder Lehrer einen Blick werfen können in die „Werkstatt" eines Sprachdidaktikers und aus der Sie Anregungen mitnehmen können in das Klassenzimmer. Sie können dann womöglich ebenfalls hin und wieder eine Werkstatt für Schüler machen und dort, das ist mein Ziel, so oder ähnlich arbeiten, wie Sie es gelesen und erfahren haben. Vielleicht einmal nur für wenige Stunden, vielleicht auch „immer öfter" nach diesen Prinzipien! Mir geht es jedenfalls viel weniger darum, meinen Leserinnen und Lesern irgendeine Konsequenz nahe zu legen, als ihnen vielmehr Anregungen zu bieten, die eine oder andere Sequenz mit Kindern zu erproben und in Ihren wie auch immer gearteten Grammatikunterricht, den Sie betreiben, einzubeziehen.

Wie das Konzept eines handlungsorientierten Literaturunterrichts von keinem erwartet, von dem Augenblick an, wo man es begriffen hat, nur noch handlungsorientiert mit den Schülern zu arbeiten und auf einen diskursiven und auf Analyse und Interpretation ausgerichteten Unterricht vollkommen zu verzichten, so will auch ein werkstattorientierter Grammatikunterricht, der ja ebenfalls „handlungsorientiert" ist, Ihnen nicht nahe legen, die Verfahren, die Sie schon kennen und mit denen Sie womöglich gute Erfahrungen gemacht haben, beiseite zu lassen und sich in ein Abenteuer zu stürzen, vor dessen Unwägsamkeiten Sie sich fürchten. Wiewohl – ermutigen zu etwas mehr Abenteuerlichkeit möchte ich Sie schon, will sagen: zu etwas mehr Offenheit und Gespanntsein auf das, was dabei herauskommt, kurz: zu neuen Erfahrungen.

Vor allem zu Erfahrungen! Denn was den Unterricht der meisten auf dem sandigen Terrain der Grammatik ausmacht, ist ja wohl, dass man mühsam eingefahrene Pisten immer wieder befährt und ängstlich schaut, dass man ja nicht vom Wege abkommt. Doch das Erfahrene ist ja weniger als das Erfahrbare! Und so lassen sich Lehrende aller Art zwar gern „erfahrene Lehrkräfte" nennen, schöpfen aber doch die Möglichkeiten des

Erfahrbaren nicht immer aus. Aus Furcht oder Ökonomie, aus Pensumszwang oder Widerstand gegen neue Konzepte, die ihnen vielleicht tatsächlich manchmal etwas versprachen, was sie hernach nicht hielten. Da Grammatik nun einmal eher etwas ist, das nach Altbackenheit riecht, statt ein jugendliches Flair zu verbreiten, widersetzen Sie sich möglicherweise gar nicht einem neuen Konzept, sondern bereits dem Begriff. „Grammatik, das ist doch ein alter Hut!" Tatsächlich, der älteste, den der Deutschlehrer trägt! „Und den will man nun mit einem neuen Methodenkonzept etwas aufputzen. Nein, darüber bin ich hinaus!" – So etwas kann die Grundfesten meiner Meinung über Grammatikunterricht nicht erschüttern, weiß ich doch, dass Sie auf Grammatik irgendwie oder irgendwo in Ihrem Unterricht immer zurückkommen, vielleicht unter anderem Namen, dann heißt er womöglich Rechtschreibunterricht (denn der kommt schon bei der Großschreibung der Nomen ohne Nachdenken über Sprache nicht aus) oder Aufsatzunterricht (denn in ihm schreiben Sie ja nicht allzu selten etwas an den Rand, was mit Grammatik zu tun hat: „Zeitformen!", oder „Konjunktiv!") oder „integrativer Sprachunterricht" (denn hier kommen Sie immer wieder einmal auf Adjektive oder Anredepronomen oder Haupt- und Nebensätze zu sprechen). Nein, Sie vermitteln mehr Grammatik, als Sie es vielleicht ahnen.

Schon bei einer einfachen Kinderfrage („*Paket* kommt doch genauso wie *Päckchen* von *packen*, warum schreibt man dann das eine mit k und das andere mit ck?") haben Sie es mit Grammatik zu tun, sprich: mit dem Aufbau von Wörtern. Natürlich können Sie antworten: „Das ist eben so!" – und werden damit sicherlich auch für das richtige Schreiben von *Paket* sorgen. Einige werden womöglich auch antworten: „*Paket* ist eine Ausnahme!" – oder werden gar die Meinung vertreten, dass die deutsche Rechtschreibung recht ungeordnet sei und dass man sich deswegen die einzelnen Wörter eben einprägen müsse. Mehr für die Einsicht in den Aufbau von Wörtern und damit auch für die Einsicht in die Gesetzmäßigkeiten der Orthographie würden Sie allerdings tun, wenn Sie gemeinsam mit den Kindern der Frage nachgingen, warum man *Paket* nur mit k schreiben kann, *Päckchen* jedoch mit ck. Sie würden dann vielleicht Wörter wie *Pap-pe – Pa-pier*, *Tun-nel – Tu-nell* oder Fantasiewörter wie *Zirkus Ratelli – Zirkus Ratteli* einander gegenüberstellen, sie deutlich betont lesen lassen und mit den Kindern über Wortaufbau und Silbenbetonung sprechen – und woran man beim Lesen die Betonung erkennen kann. Und da sind Sie mitten auf dem Terrain, das Grammatik heißt, und das ist die Betrachtung der sprachlichen Formen. Zugleich ist es etwas, das überhaupt keinen alten Zopf trägt, sondern einen ganz und gar modernen Façonschnitt, und der wiederum heißt: durchschauen, erkennen und wissen wollen, anstatt nur Antworten geben und belehrend korrigieren (was in Wahrheit der alte Zopf ist!). Die Antwort auf die Kinderfrage oben könnten sich die Kinder so selbst beantworten: „Würden wir *Packet* schreiben, so müssten wir es als *Pa-cket* auf der ersten Silbe betonen; deswegen schreiben wir *Pa-ket*. Und da wir *Päck-chen* auf der ersten Silbe betonen, schreiben wir es mit ck, – eine Einsicht, die später für das Verständnis der Doppelkonsonanz von weit reichender Bedeutung ist.

Dass Grammatik höchst lebendiges Wissen sein kann, das Auswirkungen hat auf die Verwendung der Sprache, auf das Schreiben, Rechtschreiben und die Auseinandersetzung mit Texten, wenn Sie ihn nur methodisch angemessen durchführen, möchte ich Ihnen in diesem Einblick in meine Werkstatt zeigen. Freilich ist dieses Wissen umso tragfähiger, je selbstständiger es erworben wurde, je dichter es an den Fragen der Schüler ist oder zumindest zu ihren gemacht werden kann – und je klarer es einmündet in Anwendungszusammenhänge. Das heißt nun freilich nicht, dass die Motivation für Sprachbeobachtungen und Experimente sich in jedem Falle von selbst einstellt und stets erhalten bleibt. Tischler werden möchte man vielleicht gern, doch sich den Mühen des alltäglichen Zeichnens und Hobelns zu stellen fällt nicht immer leicht, was übersetzt heißt: Ein kleiner Sprachfachmann werden möchte man vielleicht, aber ein reiner Spaß ist der Weg dorthin nicht zu jeder Zeit. Ich bin überhaupt der festen Überzeugung, dass wir die Kinder selbst nicht ernst nehmen, wenn wir ihnen weismachen, Lernen müsse auf Teufel komm raus eine lustige Sache sein. Grammatik zu lernen kann aber zu einem interessanten Geschäft werden; ein wichtiges ist es allemal. Und das möchte ich Ihnen an einer Reihe von Beispielen hier zeigen. Doch zunächst muss deutlich werden, in welchem konzeptionellen Zusammenhang das Ganze steht.

Konzepte der Schulgrammatik

Wer „Grammatik" sagt, meint die systematische Ordnung der Vielfalt sprachlicher Einheiten zu begrenzten Klassen oder Kategorien: von Lauten zu Phonemen, von Wörtern zu Wortarten, von Wortreihen zu Satzgliedern, von Verbformen zu Tempora usw. Wer „Schulgrammatik" sagt, meint im Hinblick auf Lernende zumeist die didaktisch vereinfachte Wiedergabe von Erkenntnissen, Verfahrensweisen und Ergebnissen der Grammatikforschung. Leider entsteht bei Lehrenden und Lernenden leicht der Eindruck, eine Grammatik sei gleichsam mit der Sprache gegeben, da in Schulgrammatiken nur selten mitgeteilt wird, dass das vermittelte System von einem bestimmten Menschen und mit Hilfe bestimmter Verfahrensweisen aufgestellt worden ist. Die Lernenden erhalten daher in aller Regel auch keinen Einblick in die Hypothesen, Voraussetzungen oder Methoden, mit denen die Teile einer Grammatik überhaupt zustande gekommen sind. So sind die meisten Schulgrammatiken, wie sie in Sprachbüchern vorgestellt werden, ergebnis- und nicht prozessorientiert.

Ich habe die Modelle von Grammatik und Grammatikunterricht an anderen Stellen differenziert erläutert (siehe Literaturverzeichnis). Hier nur so viel: Unter einer *formalen* Grammatik versteht man die formbezogene Sprachanalyse. Der Unterricht, der auf ihr fußt, vermittelt die grammatischen Kategorien, in der Regel ohne sie für die sprachliche Anwendung nutzbar zu machen. Unter einer *funktionalen* Grammatik wurde stets sehr Unterschiedliches verstanden. Die Konzepte ähneln sich aber darin, dass sie semantische, textuelle und/oder kommunikative Kategorien zu den grammatischen in Beziehung setzen. Der Unterricht, der darauf basiert, setzt die Ergebnisse einer solchen Grammatik in Beziehung vor allem zum Schreiben und zur Textanalyse.

Ein anderes Gegensatzpaar bilden die methodischen Begriffe *systematisch* und *situationsorientiert*. Der *systematische* Grammatikunterricht hat stets Teilsysteme der Grammatik im Blick; er vermittelt sie (zumeist deduktiv) oder lässt sie ermitteln (induktiv). Der *situationsorientierte* Grammatikunterricht vermittelt grammatische Einzelkategorien in situativen Zusammenhängen, wobei er davon ausgeht, dass die Kenntnis solcher Kategorien zur Bewältigung einer kommunikativen Handlung bzw. zur Lösung eines inhaltlichen Problems beitragen kann. In Sprachbüchern (überprüft an Büchern für das 5./6. Schuljahr) und schon gar in der Unterrichtswirklichkeit treten diese Konzepte zumeist in Kombinationen auf: *systematisch-formal* und weitgehend *deduktiv* (so in „Deutschstunden", Cornelsen) oder *systematisch-funktional* und weitgehend *deduktiv* (so in „Punktum", Schroedel) oder auch *systematisch-funktional* mit *induktiven* Ansätzen (so in „Praxis Sprache", Westermann) oder *situationsorientiert* ohne systematische Ansätze (so in „Bausteine Deutsch", Diesterweg, und „Miteinander sprechen", Westermann), *situationsorientiert* mit *systematischen* Ansätzen (so in „Sprachschlüssel", Klett).

Wie aber auch immer ein Grammatikunterricht durchgeführt wird, er verdient seinen Namen erst, wenn Schülerinnen und Schüler mit seiner Hilfe lernen, wie grammatische Kategorien zustande kommen, welches ihre Funktionen sind und was Menschen tun, die eine Grammatik aufstellen. Unter dieser Prämisse muss eine Schulgrammatik Folgendes leisten:

1. Sie muss den Lernenden Einsichten in den Bau der Sprache vermitteln, also die Ordnung der sprachlichen Vielfalt zu Kategorien sichtbar machen (sie muss *systematisch* sein).
2. Sie kann dies nur, wenn sie die Methoden zur Verfügung stellt und erfahrbar macht, mit denen man zu Kategorien gelangt (sie muss *induktiv* vorgehen).
3. Sie muss einsichtig machen, welche Rolle die zu ermittelnden Kategorien in der Sprache selbst spielen; welche semantischen, textuellen und kommunikativen Funktionen sie haben können – wenn sie denn welche haben (sie muss *funktional* sein).
4. Sie kann dies nicht anders als im ständigen Wechselspiel von Arbeit an Strukturen und an Inhalten oder Sprachsituationen, wobei sie bald von der einen, bald von der anderen Seite der Sprache ausgeht bzw. da hinführt (sie muss in diesem Sinne *integrativ* verfahren).

Wie aber steht es nun mit dem sogenannten „Gebrauchswert" einer Schulgrammatik? Dieser ergibt sich aus der Sprachreflexion ja nicht von selbst, und er besteht auch nicht lediglich darin, dass die Lernenden mit Hilfe von Grammatik schlichtweg richtiger sprechen und schreiben, differenzierter analysieren und interpretieren und kritischer mit Sprache umgehen können. Er ergibt sich vielmehr aus dem, was die Lernenden in einem Grammatikunterricht tun: aus dem Ordnen und Abstrahieren, dem Kategorisieren, der Ermittlung der Funktionen der Kategorien und ihrer Anwendung – oder er ergibt sich, wenn man dies alles nicht tut, überhaupt nicht.

Sieht man das, *was* und *wie* es in Sprachbuchkapiteln vermittelt wird, kritisch durch, so fällt als Erstes auf: Ein großer Teil der Begriffe wird viel zu früh, in der Grundschule schon, eingeführt, wo sie die Kinder noch nicht anders denn als Worthülsen lernen können. Im 5./6. Schuljahr werden sie dann noch einmal aufgenommen, manchmal systematisch eingeordnet und/oder in Verwendungszusammenhänge gestellt; doch auch hier geht es mehr um grammatisches Wissen als um Erfahrungen mit dem Aufbau einer Grammatik. In höheren Schuljahren dann wird Grammatik als weitgehend „bekannt" vorausgesetzt, und es kommt just dann, wenn die kognitiven Fähigkeiten der Lernenden für einen induktiven Grammatikunterricht ausgebildet sind, nicht mehr zu dem, was wir vorn als den Aufbau und das Durchsichtigmachen von Grammatik beschrieben haben. Auf diese Weise wird Grammatik entweder nur als sporadisches Einzelwissen angesichts bestimmter sprachlicher Aufgaben (im *situationsorientierten* Unterricht) gelernt – oder als ein Repertoire oder besser Potpourri von mehr oder weniger zusammenhängenden Bezeichnungen für grammatische Begriffe (in einem *formal-systematischen* Grammatikunterricht), kaum aber als begriffliche Erfahrungen selbst.

Insgesamt bleibt die Grammatik in vielen Lehrbüchern oberflächlich. Ein Spiral-Curriculum, das die Erkenntnisse allmählich ausdifferenziert, gibt es so gut wie nicht. Die Schulgrammatik endet fast durchweg mit dem 7. Schuljahr. Sprachprobleme der Kinder werden selten in den Grammatikunterricht einbezogen, wiewohl gerade daran sich ein Nachdenken über Sprache entzünden könnte. Zudem stellen Grammatiken Festschreibungen dar, statt zu demonstrieren, dass die Sprache sich gegenüber den systematischen Ordnungsversuchen in steter Bewegung befindet. *Der lilane Rock, die nicht lang genuge Hose, die zune Tür* usw. werden schlichtweg als „Fehler" abgetan, statt dass man zeigt, was hier geschieht (nämlich der kindliche oder umgangssprachliche – aber durchaus konsequente Angleichungsversuch an die Flexion von Adjektiven).

Das alles hat natürlich zu tun mit den Forderungen der Richtlinien, der Furcht vieler Sprachbuchautoren vor Zulassungs- oder Einführungsproblemen und dem begrenzten Raum, der einem Grammatik-Kapitel im Lehrbuch zur Verfügung steht. Die Schulgrammatik, wie sie sich in Sprachbüchern darstellt, ist oftmals ein Kompromiss zwischen den hier und da guten Ideen und Bestrebungen der Sprachbuchmacher und den Forderungen, die von außen an sie gestellt sind. Das wird besonders deutlich, wenn man einmal die Grammatikhefte von Zeitschriften („Praxis Deutsch", „Die Grundschule". „Praxis Schule", „Der Deutschunterricht", „Diskussion Deutsch" usw.) mit den entsprechenden Sprachbuchkapiteln vergleicht: Ideenreichtum, Differenziertheit, Konsequenz, Richtlinien-Unabhängigkeit – gegen methodische Einsträngigkeit, Kompromiss, Richtlinien-Abhängigkeit. Ich kann das hier nicht demonstrieren; doch es wird einsichtig, sobald man sich einmal näher damit befasst.

Zusammengefasst lässt sich sagen, dass die Konzepte von Schulgrammatik vor allem unter vier Mängeln leiden:

1. unter ihrer deduktiven Methode; die Beteiligung der Schüler an der Erforschung des Sprachaufbaus wird ausgeblendet (Worthülsen – statt begrifflichem Denken),
2. unter der Aussparung von Sprachproblemen der Schülerinnen und Schüler (Fehler – statt Chancen ihrer Erklärung),
3. unter der Darstellung von Grammatik als etwas mit der Sprache Gegebenen, statt als ein von Menschen gemachtes System, und
4. vor allem unter der zu frühen Vermittlung von Grammatik und dem fast gänzlichen Verzicht darauf auf höheren Schulstufen.

Wissenschaftliche Grammatik – Schulgrammatik

„Was immer Grammatiken im Einzelnen über die Sprache sagen, sie tun es, indem sie zunächst die Form von sprachlichen Einheiten wie Wortformen und Sätzen beschreiben. Erst wenn die Form sprachlicher Einheiten jeweils hinreichend bekannt ist, kann man fundiert weitergehende Fragen über deren Entwicklung und Verwendung, über ihren Erwerb und ihre Normierung (…) stellen. Es ist deshalb unendlich wichtig, dass eine Grammatik den Strukturbegriff expliziert, den sie verwendet. Die Verwendung des Begriffs ‚Struktur' setzt voraus, dass man es mit Mengen von Einheiten (z. B. Lauten) zu tun hat, die nach gemeinsamen Eigenschaften klassifiziert sind." (P. Eisenberg 1998, S. 2)

Von der Form zur Verwendung also! Doch das setzt voraus, dass es die Verwendung bereits gibt. Nur der Fokus des Forschers ist zunächst auf die Form gerichtet. Das Erkenntnisinteresse des Schülers ist ein anderes. Der will nicht an sich wissen, wie Formen aussehen, sondern vor allem, warum die eine Form in seinem Verwendungszusammenhang akzeptiert wird, die andere jedoch nicht.

Und er will wissen, was die Formen für seinen Sprachgebrauch hergeben – und was nicht. Schüler und Schülerinnen denken wohl vor allem in Alternativen: erlaubt oder nicht erlaubt, richtig oder falsch, wirksam oder langweilig, Perfekt oder Präteritum, Indikativ oder Konjunktiv, Groß- oder Kleinschreibung, Komma oder nicht usw. – und sie wollen wissen, warum etwas so ist und nicht anders. Wenn dem aber so ist, dann müssen sie Kenntnis haben von Strukturen und können sich nicht allein mit dem Einzelnen begnügen.

Und noch eins: Eine grammatische Form wie etwa das Passiv (*Die Stühle werden auf die Tische gestellt. – Dem Felix wurde eine CD geschenkt.*) hat unterschiedliche Funktionen (Täteraussparung, Gültigkeitsanspruch usw.), und eine ganz andere Form wie etwa der Infinitiv (*Die Stühle sind auf die Tische zu stellen*) oder das sogenannte „Bekommen-Passiv" (*Der Felix kriegte/ bekam eine CD geschenkt*) hat etwa die gleichen Funktionen. Während der Sprachwissenschaftler nun zunächst genau die Formen der Passive beschreibt (Werden-, Sein-Passiv – von welchen Verben?), denkt der Schüler eher von den Funktionen aus (Welche Form wofür? Wann Aktiv – wann besser Passiv? Welche Abwechslungsmöglichkeiten habe ich in meinen Texten?). Dafür muss er vieles über die Form wissen, aber nicht alles. Dafür muss er die Alternativen auch formal erschlossen haben, aber nicht vollkommen.

So gesehen ist eine Schulgrammatik immer weniger als eine wissenschaftliche. Vor allem spielen in ihr nicht alle Erscheinungen der Sprache eine Rolle, sondern nur begrenzte Kategoriensysteme. Andererseits ist sie aber auch mehr, insofern sie nämlich textorientiert ist. Das ist das Problem der Schulgrammatik, das bisher erst in Ansätzen gelöst ist. Mir scheint, dass wir aus diesem Dilemma nur herauskommen, wenn wir uns in der Schulgrammatik auf bestimmte „Kleinsysteme" oder „Strukturzusammenhänge" beschränken und nicht auf das Ganze die Aufmerksamkeit richten. Dabei wären zum Beispiel die Zeitformen der Verben wichtiger als etwa die Unterscheidung von transitiv – intransitiv; die Syntax des Adjektivs wäre wichtiger, als dass es ein eigenes Flexionssystem besitzt usw. Diese begrenzten Zusammenhänge aber sollten durchaus auch formal erfasst werden. Man muss einen Konjunktiv I in seinen Formunterschieden zum Indikativ kennen, damit man die Formen in ihren unterschiedlichen Funktionen in der direkten und indirekten Rede bewusst verwenden kann. Danach erst kann man darüber reden, warum der Konjunktiv I in Redewiedergaben so viel ökonomischer ist als der Indikativ mit *dass*, bei dem man das Signal, dass ein anderer spricht, ständig wiederholen muss.

Eine Schulgrammatik kann also nicht eine schlichtweg reduzierte wissenschaftliche Grammatik sein; sie muss, wiewohl reduziert, zugleich auch eine andere Grammatik sein; eine, die am Erkenntnisinteresse der Schüler orientiert ist. Und das ist vor allem ein funktionales Interesse. Denn deren Denkrichtung, so will es mir bei aller Vorsicht scheinen, ist eine, die vom Gebrauch der Sprache ausgeht und von daher ihre wichtigsten Fragestellungen gewinnt; die dann mit den Methoden der Sprachwissenschaft (auf keinen Fall ohne sie!) in eine Formanalyse hineinführt; die schließlich hinführt zu den unterschiedlichen Funktionen der Form und womöglich ihrer Alternativen – und in den Sprachgebrauch wieder einmündet. Das genau möchte ich an meinen Einzelbeispielen, die hier nur wirklich Exempla sein können und nicht die gesamte Schulgrammatik abrunden, zeigen.

Grammatik-Werkstatt

In einer Grammatik-Werkstatt ist das Material die Sprache. Die Arbeit an ihr vollzieht sich nach bestimmten Regeln. Planvolle Arbeit ist dies insofern, als mit Sprache und an ihr etwas getan werden muss, was nicht nur denkend, sondern auch experimentierend geschieht. Das „Handwerkszeug" sind grammatische Operationen. Und was dabei herauskommt, sind Einsichten in den Aufbau und das Funktionieren unserer Sprache – und ist damit durchaus auch etwas, was das Verstehen und den Gebrauch von Sprache verbessern kann, ein geistiges Resultat also, das uns und anderen zum Nutzen sein kann, wenn wir kritisch lesen, differenziert schreiben, rechtschreiben, interpretieren und mit anderen über Sprache reden wollen.

Eine Grammatik wird in der Schule immer noch viel zu sehr als schon vorhandenes Ergebnis von Systematisierungsprozessen anderer verstanden, das man dann lediglich übernimmt, zu verstehen versucht und, wenn es gut geht, anwendet. Was wir mit dieser Grammatik-Werkstatt anstreben, ist: das Handeln selbst anzuregen, das zu einer Grammatik hinführt, als dessen Resultat also erst die Grammatik steht. Nicht die *ganze* natürlich! Sondern Ausschnitte aus ihr. Wir wollen nicht das ganze Haus der Grammatik einrichten. Es genügt uns (mehr kann Schule nicht, wenn sie handlungsorientiert arbeitet), kleine systematische Einheiten zu entdecken, die einen überschaubaren Zusammenhang darstellen: etwa das Teilsystem der Zeitformen zu ermitteln und erproben – oder das der Adjektive in Abgrenzung zu anderen Wortarten. Wichtig ist nur, dass wir selbst dahin gelangt sind – und dass wir, was wir hergestellt haben, auch benutzen können.

Lernen wollen wir daran vor allem, dass Grammatiken von *Menschen* gemacht sind. Grammatiken sind das Ergebnis von Systematisierungsbemühungen verschiedener Menschen, die sich näher mit Sprache befassen. Viele tausend Wörter fassen wir unter dem Begriff Adjektiv zusammen, und wir tun das unter den Bedingungen (den Experimentierregeln), die wir uns gesetzt haben. Deswegen ist auch, was verschiedene Sprachwissenschaftler in die Schublade der Adjektive einordnen, nicht stets dasselbe. Bei den einen passen Wörter wie *quitt* und *futsch* hinein, bei den anderen nicht. Die einen zählen sie zu den Adjektiven, die anderen zu den Adverbien. Einige Grammatiken haben eine Schublade mit der Aufschrift „Zahlwörter", in welcher sie *drei* und *dritte* unterbringen; die anderen hingegen haben keine Probleme, diese Wörter den Adjektiven zuzuzählen. Es kommt eben auf die Experimentierregeln an, mit deren Hilfe man zu einem System gelangt. Manche sind sehr eng, manche eher weit; manche Sprachforscher orientieren sich nur an den Wörtern und ihren Flexionsmöglichkeiten, manche an ihren syntaktischen Stellungen, manche zusätzlich an ihrer Bedeutung. All die tausend Wörter in eine Schublade mit nur einer Aufschrift zu bringen ist oftmals schwierig; denn die Wörter richten sich nicht nach Schubladenaufschriften. Da kann es schon einmal passieren, dass ein neues Wort oder ein Fremdwort oder auch ein ganz gebräuchliches oder eines, das vorkommt (wie die *zune Tür*), das aber eigentlich (noch) nicht erlaubt ist, nicht so recht hier oder da hineinpassen will oder sich zwischen den Fächern zweier Schubladen verklemmt. Dass dies notwendig so ist, weil eben die Sprache differenzierter ist als die Schildchen (Kategorien), die wir ihren Einordnungsfächern aufkleben, ist eine wichtige Einsicht für alle, die überhaupt verstehen wollen, was denn das ist: eine Grammatik. Und das ist nur einzusehen, wenn man selbst einmal daran beteiligt war, eine kleine Grammatik herzustellen.

Das setzt natürlich voraus, dass es einen selbstständigen Grammatikunterricht oder zumindest Phasen eines solchen, der wissenschaftspropädeutisch vorgeht, überhaupt gibt, der also etwa so in die Wissenschaft der Sprache einführt, wie dies der Physik- oder Biologieunterricht tut. Genau dies aber, was ich hier mit dem anspruchsvollen Begriff „wissenschaftspropädeutisch" gekennzeichnet habe, soll eine Grammatik-Werkstatt leisten. Einfacher gesagt, heißt das: Die Schülerinnen und Schüler sollen in ihr lernen, wenigstens annähernd so vorzugehen, wie dies die Sprachwissenschaft auch tut: Beobachten, Beschreiben, Vergleichen, Zusammenfassen, Kategorisieren. Das ist nichts anderes als die Verwirklichung der „genetischen" Methode, des alten pädagogischen Prinzips der „Rückführung in die Originalsituation" (Heinrich Roth). Junge Menschen sollen an der *Aufstellung* der grammatischen Kategorien beteiligt werden – und nicht nur immer den *Resultaten* dieser Prozesse hinterherlaufen.

Dabei sollen sie Einsichten gewinnen, wie unsere Sprache gebaut ist, sollen ihr implizites System entdecken. Die Grundlagen für Grammatik sind ja durch die Sprachlernprozesse in den Köpfen der Menschen weitgehend vorhanden; sie sind, bis auf die Ausnahmen des ungrammatischen Sprachgebrauchs, die Basis dafür, dass wir richtig sprechen und schreiben. Den größten Teil der deutschen Grammatik haben die Kinder bereits mit ihrer Sprache gelernt, noch ehe sie in die Schule kommen. Sie „haben" ihn, doch sie „wissen" noch nicht, was sie haben; sie sprechen noch nicht darüber. Das erst wird Aufgabe der Schulgrammatik sein. Und selbst das, was wir in den Schulen oftmals als „fehlerhaft" oder „grammatisch falsch" bezeichnen (*Ich gehe nach meiner Oma*), ist oft nur Resultat einer „anderen" Grammatik, einer mundartlichen, dialektalen oder kindersprachlichen, die mit der hochsprachlichen Grammatik nicht übereinstimmt – und ist nicht etwa nicht-grammatisch. Herauszufinden *wie* das gebaut ist und funktioniert, was wir verwenden, das ist das Resultat eines Grammatiklernprozesses, der zum Sprachlernprozess, in dem wir erlernt haben, *was* alles wir verwenden können, hinzukommt. Im Grammatikunterricht unternehmen wir also eine Art *Rekonstruktion* der Grammatik, die wir immer schon anwenden.

Wir sind durch die üblichen Schulgrammatiken daran gewöhnt worden, sie auf ihre Brauchbarkeit im Hinblick auf sprachliche Kommunikation zu überprüfen: Was können wir mit dem Gelernten eigentlich anfangen? Wozu *dient* uns Grammatik? Ihre *dienende* Funktion wurde und wird immer wieder betont. Das hat natürlich damit zu tun, dass Sprache, anders als physikalische oder biologische Sachverhalte, immer zugleich *Medium* und *Gegenstand* des Unterrichts ist. Wenn Einsichten in Sprache für Kommunikation nicht nutzbar gemacht werden könnten, so die verbreitete Meinung, dann seien sie für nichts gut. Und es wird dann zu

Recht argumentiert, für die Verbesserung des Stils von Texten und für das wirkungsvollere Schreiben seien Umstellproben zwar hilfreich, wir benötigten dazu jedoch durchaus noch nicht den Satzglied-Begriff; denn Umstellen sei das eine, und ein Wissen über die Satzglieder sei etwas anderes. Das ist durchaus konsequent gedacht! All unser schulisches Bemühen, Umstellproben mit Satzgliedanalysen und zugleich mit Stilistik zu kombinieren, ist eigentlich ein Alibi. Das Umstellen als Überarbeitungsmethode zu lernen ist hilfreich; einen Begriff von Satzglied benötigen wir dazu jedoch nicht, da wir ja Wörter und Wortkombinationen umstellen und keine grammatischen Kategorien.

Aber: Wir stellen nur um, was ein Satzglied ist. Wir verwenden dabei also eine grammatische Kategorie, die es gibt. Und das, was wir verwenden, auch als Begriff benennen zu können, macht Sinn, weil wir dessen dann besser „habhaft" werden. Wichtig ist nur: Wir müssen diese Kategorie auch aus ihrer Verwendung gewinnen.

Die Begriffe dessen, was wir verwenden, kommen ja dann auch ins Spiel der Sprache, wenn wir *über Sprache sprechen*. Dann ist es nützlich, wenn wir jene Wörter, die uns besonders auffallen, als „Satzglied" oder „Adjektive" bezeichnen können, oder jenen Satzbau, der uns beim Verstehen eines Textes solche Schwierigkeiten macht, als „attributiv" benennen können usw. Hier ist es hilfreich, über Kategorien, also über „sprachliches Handwerkszeug", verfügen zu können. Doch auch dafür wäre eigentlich nur *Wissen* notwendig, und dieses könnte ökonomisch und also deduktiv vermittelt werden. Wie man zu diesem Handwerkszeug gelangt, das wäre so unwichtig wie das Wissen über die Fabrikation von Schraubenziehern und Zangen. Man muss es nur richtig anwenden können.

Warum sollten wir dann aber die Schülerinnen und Schüler an dem langwierigen Prozess der Ermittlung von grammatischen Kategorien beteiligen? Wäre es nicht ehrlicher, praktischer und ökonomischer, diese schlichtweg als gegeben deduktiv zu vermitteln – und eben dann, wie es früher ja auch war, etwa in Textanalysen anwenden zu lassen? Durchaus nicht! Was wir in Eigeninitiative, durch eigene Erfahrung und mit möglichst großer Selbstständigkeit *ermittelt* haben, bleibt uns im Gedächtnis eher haften als das, was wir nur *vermittelt* bekommen haben (der *lernpsychologische Grund*). Was wir gelernt haben, sollten wir auch selbstständig überprüfen können; und das ist nur möglich, wenn wir die Verfahren kennen, mit deren Hilfe jemand zum Wissen gelangt ist (der *pädagogische Grund*). Und: *wie* wir etwas gelernt haben, das sollte dem entsprechen, wie Menschen zu diesem Wissen gelangt sind (der *erkenntnistheoretische Grund*). Diese Gründe fordern es geradezu heraus, Grammatik induktiv zu erlernen. Die Ergebnisse solcher Lernprozesse können dann mindestens so gut nutzbar gemacht werden für die Sprachpraxis, wie wenn sie deduktiv vermittelt worden wären, – wenn sie denn überhaupt eine kommunikative oder semantische oder stilistische oder hermeneutische Funktion haben. Als Deutschlehrerinnen und -lehrer sollten wir daher nicht ständig die Ziele unseres Grammatikunterrichts defensiv vertreten; *Einblick in den Bau der Sprache* ist unser vorrangiges Ziel. Und das ist so selbstverständlich zu vertreten wie die Ziele des Physik- oder Biologielehrers zum Beispiel!

Es bleibt allerdings dabei: Manches, was wir bisher immer selbstverständlich im Grammatikunterricht gelernt haben und wahrscheinlich auch fürderhin lernen werden, ist für den praktischen Umgang mit der Sprache wenig ergiebig. Wir müssen wohl die Begriffe „Dativ" und „Akkusativ" nicht kennen lernen, um richtig sprechen und schreiben zu lernen; wir müssten uns nicht in die Haare geraten, ob „kaputt" und „entzwei" Adjektive oder Adverbien sind – oder gar darüber, welches dieser Wörter man zu der einen und welches zu der anderen Wortart zählen soll. Es gibt kaum einen sprach*praktischen* Grund, dies zu unterscheiden. Notwendig ist eine solche Unterscheidung erst dann, wenn wir überhaupt erfahren wollen, was eine Grammatik ist und was Grammatiker tun. Und damit richten wir nun die Aufmerksamkeit nicht mehr nur auf die Kategorien selbst, sondern auf die Kategorienbildungs-*Prozesse*. Zudem stellen wir uns in solchen Abstraktions- und Kategorisierungsprozessen Sprache distanziert gegenüber. Und das führt allemal dazu, dass wir aus dem „Wasser" der Sprache, in dem wir uns normalerweise wie die Fische tummeln, einmal „auftauchen" und das Medium, in dem wir uns sonst einigermaßen sicher bewegen, „von oben" betrachten können. Auf diese Weise gelangen wir auch zu einem kritischen Bewusstsein von Sprache.

Prozesse sind im Deutschunterricht bisher stets sehr stiefmütterlich behandelt oder ganz und gar ausgespart, übersehen worden: Hypothesenbildungsprozesse im Schriftspracherwerb und Rechtschreibunterricht, Schreibprozesse im Aufsatzunterricht, Interpretationsprozesse im Literaturunterricht – und eben auch Kategorienbildungsprozesse im Grammatikunterricht. Immer haben wir unsere Aufmerksamkeit mehr auf Ergebnisse gerichtet: auf die Rechtschreibnormen und -fehler, auf die vorliegenden Texte, auf die fixierten Interpretationen, auf die vorliegende Grammatik. Und das heißt nichts anderes, als dass die Denk- und Gestaltungsvorgänge hinter den Resultaten weitgehend verborgen blieben. Erst die neueren Arbeiten zum Schreib- und Rechtschreiblernen, zur Textbearbeitung, zum handlungs- und produktionsorientierten Literaturunterricht richten die Aufmerksamkeit mehr auf solche Vorgänge – und nehmen Kinder damit als denkende und gestaltende, intelligente und kreative Wesen ernster als vorher.

Wenn ich hier die Aufmerksamkeit auf *prozessorientierte* Methoden richte, so ist dies in einem größeren Zusammenhang zu sehen. Der „Werkstatt"-Begriff hat ja Missverständnisse aufkommen lassen, vor allem das

Missverständnis, es handele sich hierbei um eine Art *Übungs-Werkstatt*. Wenn unsere Modelle auch so praxisnahe Realisierungen anbieten, wie es jeweils möglich ist, so geht es in ihnen doch keineswegs darum, eingeführte grammatische Kategorien *einzuüben*, sondern zuallererst darum, sie *aufzustellen* oder – bescheidener – die Schülerinnen und Schüler an ihrer Aufstellung zu *beteiligen*. Dass dies dann auch dem besseren Einprägen dient und dass dies für die Sprachpraxis hilfreich ist, daran besteht kein Zweifel. Zugleich aber wird damit ein Konzept vorgestellt, das dem Grammatikunterricht einen Eigenwert unterstellt und die Grammatik aus ihrer lediglich *dienenden* Rolle befreien möchte.

Ein mögliches Missverständnis gilt es zum Schluss aus dem Wege zu räumen, nämlich: bei der Arbeit in einer Grammatik-Werkstatt handle es sich um das klassische Meister-Lehrling-Verhältnis, in welcher der eine der Zeigende und Vormachende ist, der andere der Lernende und Ausführende. Zwar wünsche ich mir einen „Meister" in Sachen Kompetenz auf dem Gebiet der Methoden, einen Kundigen in Sachen Sprache; nicht aber den Besserwisser, der nur weitergibt, was er selbst einmal gelernt hat, nicht einen Korrektor, der nur berichtigt, was er selbst als Grammatik-, Orthographie- oder Interpunktionsfehler erkannt hat. Sondern ich wünsche mir den Neugierigen, der an der Sprache der jüngeren Generation interessiert ist, der mit Interesse zur Kenntnis nimmt, was sich an Sprachneuheiten und -veränderungen entwickelt, der das Lernen aus Fehlern ermöglicht, indem er ihnen auf den Grund geht und womöglich den Grund für die Fehlleistung verstehbar macht. Kurz: ich wünsche mir für den Werkstattunterricht den lernenden Lehrer. Er ist auch hier, wie Günter Grass ihn kürzlich allgemein gültiger gefordert hat, einer, der gezwungen ist, „nicht auf dem vormals Erlernten hocken zu bleiben, sondern ständig dazuzulernen". Auch in Sachen Sprache und Grammatik ist er „jemand, der mit und von seinen Schülern lernt. Neugierde ist ihm eigen. Gerne verläßt er feste Standpunkte, die nur noch sich selber meinen, um neue zu gewinnen, die er abermals verläßt, bevor sie sich verfestigen." (In: Die Zeit, Nr. 21/1999, S. 42) Nur ein solcher „Meister", eine solche „Meisterin" sind ja wohl auch imstande, das Lernen selber zu lehren und ihre eigenen „Lehrlinge" dadurch zu einem gewissen Maß an Meisterschaft heranzuführen.

Werkstatt-Arbeit in der Grundschule

In meiner Einleitung habe ich bereits angedeutet, dass es mir vor allem darum geht, Phasen der Werkstatt-Arbeit in den „normalen" Sprach-, Rechtschreib- oder Schreibunterricht einzubeziehen. Zwar bin ich überzeugt davon, dass eine experimentelle Spracharbeit, wie ich sie hier vorstelle, allmählich zum Prinzip des Sprachunterrichts werden wird, doch kann ich nicht davon ausgehen, dass Sie dieses Prinzip bis in jede Unterrichtsstunde hinein walten lassen, in der Sie Sprache reflektieren. Was Sie jedoch schon heute tun können, ist: exemplarisch an bestimmten Themen, die Sie ohnehin mit den Kindern bearbeiten, einmal so zu verfahren, wie ich es Ihnen hier vorstelle.

Spiele mit Wörtern

Das Spielen mit Wörtern gehört in den ersten Schuljahren zu jenen Experimenten, die die ernsthafte Auseinandersetzung mit Sprache und Einsichten in Sprache vorbereiten. Dass Wörter länger und kürzer sein können, dass man zwei Wörter oder gar mehrere zu einem einzigen zusammensetzen kann, erfahren Kinder überhaupt erst durch das Erlernen der Schriftsprache. In der gesprochenen Sprache erfassen sie noch kaum, was ein Wort ist. *Petermüllerdüsseldorf* ist für manches Kind, bevor es in die Schule kommt, durchaus das Wort für seinen Namen. Dass es aus drei oder gar vier Wörtern besteht, vermittelt ihnen erst der Schriftspracherwerb. In der Arbeit mit der Fibel sind es die ersten Analyse- und Syntheseaufgaben, die den Kindern die Syntax der Wörter eröffnen; Spiele mit Wörtern gehören zu den grundlegenden „grammatischen" Experimenten.

Vokalveränderungen

Was erfahren Kinder bei einem Sprachspiel, in dem aus *Papa* ein Wort wie *Popo* wird? Nun, was sie bei Spielen wie dem mit den *Drei Chinesen mit dem Kontrabass* schon immer gelernt haben: dass man in Wörtern die Vokale verändern kann – und dass sich dabei der Sinn der Wörter verändert oder Unsinn daraus wird. Sie lernen auf spielerische Weise, dass sich mit dem Austausch von einzelnen Lauten bzw. Buchstaben auch die Bedeutung ändert. Dabei spielen die Vokale eine ganz besondere Rolle.

Was Kinder tun

Sarah liest und schreibt alles mit a

Aus **Riesen** macht sie **Rasen**

aus **oho** macht sie _____

aus **Hosen** macht sie _____

aus **Popo** macht sie _____

Ulla liest und schreibt alles mit u

Aus **nass** macht sie **Nuss**

aus **schmausen** macht sie _____

aus **Blasen** macht sie _____

und aus **Schloss** macht sie _____

Tom liest und schreibt alles mit o

Aus **Rasen** macht er **Rosen**

aus **wie** macht er _____

aus **Hasen** macht er _____

aus **Papa** macht er _____

Friedolin liest und schreibt alles mit ie

Aus **Weise** macht er **Wiese**

aus **Reise** macht er _____

aus **Scheine** macht er _____

aus **Beine** macht er _____

Üxküll liest und schreibt alles mit ü

Aus **Flosse** werden **Flüsse**

aus **hu** wird _____

aus **Kasse** werden _____

aus **froh** wird _____

Käthe liest und schreibt alles mit ä

Aus **Wunde** macht sie **Wände**

aus **Hunde** macht sie _____

aus **Stulle** macht sie _____

aus **Bulle** macht sie _____

Schreibe die passenden Wörter in die Lücken!

Material

Man kann den Kindern die fertigen Verse anbieten und sie nur lesen lassen. Man kann aber auch die Verse von ihnen selbst herstellen lassen. Und vielleicht gehen die Kinder dann ja auf Entdeckungsreise nach weiteren solchen Vexierspielen und gewinnen so erste Einblicke in den Aufbau von Wörtern.

Immer längere Wörter

Wörter können länger und kürzer sein. Man kann kurze Wörter zu immer längeren Wörtern zusammensetzen. Was später einmal unter dem Begriff „Komposita" verstanden wird, kann spielerisch vorweggenommen werden, lesend und schreibend. Beim Lesen geht es dabei darum, das Blickfeld allmählich zu erweitern:

Essen
Kampfessen
Wettkampfessen
Kusswettkampfessen
Schokokusswettkampfessen

Gesellschaft
Fahrtgesellschaft
Schifffahrtgesellschaft
Dampfschifffahrtgesellschaft
Weserdampfschifffahrtgesellschaft
Oberweserdampfschifffahrtgesellschaft

Immer länger wird so ein Wort! Doch da es der Lesende aufbauend liest, lernt er es zu überschauen. So etwas gehört zu den Übungen des aufbauenden Lesens in den ersten Schuljahren (siehe dazu: W. Menzel 1990).

Die Kinder können solche Worterweiterungen aber auch selbst herstellen; man muss ihnen nur die kombinierbaren Wörter dazu angeben (s. Material auf S. 23).

Zusammengesetzte Wörter umdrehen

Was passiert eigentlich, wenn man bei einem aus zwei Wörtern zusammengesetzten Wort den zweiten Teil nach vorn verschiebt? Dann wird aus *Milchkaffee Kaffemilch*. Ehe wir weiter darüber nachdenken, spielen wir erst einmal mit solchen Wörtern (s. Material auf S. 24).

Nicht immer wird etwas daraus, was es in Wirklichkeit gibt; aber immer wird etwas ganz anderes daraus. Es kommt also sehr darauf an, welches von beiden Wörtern vorn oder hinten steht. Ein *Nasenpopel* ist zuerst ein-

Lange Wörter

Party, Geburtstags-, Kinder-:

Kindergeburtstagsparty

Buch, Geschichten-, Gespenster-:

_____

Fahrt, spazier-, Kutschen-, Pferde-:

_____

Essen, Braten-, Haxen-, Schweins-:

_____

Speise, nach-, Quark-, Sahne-:

_____

Kampf, Wett-, Fahrer-, Boot-, Tret-:

_____

Versuche, aus den angegebenen Wörtern lange Wörter zu bilden!

Material

Verdrehte Wörter

Was wird aus den Wörtern, wenn sie verdreht werden? Schreibe auf!

Aus Glockenblumen werden Blumenglocken,

aus Schokoladentafel wird

_____,

aus Hirtenhunde werden

_____,

aus Hundekuchen werden

_____,

aus Kopfkissen wird ein

_____,

aus Bäckermeister wird ein

_____,

aus Schuhleder wird ein

_____,

aus Katzenklo werden

_____,

aus Nasenpopel wird eine

_____.

mal ein Popel, und zwar in der Nase; eine *Popelnase* ist aber eine Nase, in der einer popelt. Man muss die Begriffe „Grundwort" und „Bestimmungswort" nicht einführen; doch einen Begriff davon erhält man durch solche Experimente schon.

Begrifflichkeit anbahnen, das ist, über das Vergnügen hinaus, das Ziel solcher Sprachspiele. Die Kinder können es weiterspielen: Was wird aus *Lampenschirm, Wurstbrötchen, Katzenpfötchen, Affentheater* usw. Dabei kommen zwar oft ganz unsinnige Witzwörter heraus. Doch es ist immer ein Spiel mit Gewinn.

Der Aufbau der Wörter: Wortbetonung und Wortschreibung

Der Rechtschreibunterricht in der Grundschule bedient sich im Wesentlichen zweier Verfahren oder einer Mischung aus beiden: der Einübung von Wörtern des sogenannten „Rechtschreibgrundwortschatzes" und/oder der Vermittlung von Regeln, Regularitäten, Analogien und Mustern. Was ihm noch immer vielfach fehlt, ist das analytische Lesen und das Nachdenken über Strukturen von Wörtern. Das zeigt sich unter anderem daran, dass Rechtschreibung entweder eingebettet ist in thematische Einheiten, in denen das Wortmaterial themenorientiert angeboten und geübt wird, oder in den Lernbereich Schreiben, in dem es über bestimmte Schreibaufgaben vermittelt wird. Dass es in Sprachbüchern für die Grundschule ausgewiesene „Rechtschreib-Werkstätten" gibt, ist ebenfalls verbreitet. Für viele neu und noch fremd ist es aber, wenn Rechtschreibung in die Nähe der Sprachreflexion, der Grammatik, gestellt wird.

Natürlich weiß jedermann, dass die Großschreibung der Nomen, die Unterscheidung von *das/dass*, die Getrennt- und Zusammenschreibung, die Kommasetzung usw. grammatischen Prinzipien der Orthographie gehorchen. Diese Erkenntnis findet aber erst im Rechtschreibunterricht der Sekundarstufe ihren Ausdruck. Von den Wortschreibungen in der Grundschule jedoch nimmt man dann wohl an, dass sie mit Grammatik wenig zu tun hätten. Jedenfalls wird über sie viel zu wenig nachgedacht. Zwar werden Wörterlisten angeboten, die nach orthographischen Phänomenen zusammengestellt sind, wie Wörter mit h, Wörter mit ck, Wörter mit Doppelkonsonanten usw., ihre Struktur aber wird viel zu selten verdeutlicht. Und so kommt es, dass Schüler solche Wörter in ihrer Schreibung wohl kennen lernen, nicht aber erfahren, warum sie so und so geschrieben werden. Ich erinnere an mein Eingangsbeispiel mit *Päckchen – Paket – packen*.

Sicherlich hat das auch damit zu tun, „dass die meisten Lehrkräfte die Orthographie als ein System betrachten, das nur wenige zuverlässige Regeln enthält und viele Ausnahmen in der Einzelwortschreibung", wodurch „ein kasuistisches Vorgehen bevorzugt" wird (U. Spiegel 1999, S. 365). Manchmal hört man sogar die Meinung, dass wir als Erwachsene doch auch nicht über die Schreibung von Wörtern nachdächten, sondern sie einfach aus dem Gedächtnis abrufen würden. Dass wir aber Strukturen und Regularitäten im Gedächtnis innerviert haben und nicht nur schlichtweg „Wortbilder", wird dabei übersehen. Wie anders wären die meisten von uns imstande, Wörter wie *kappen, Kapern, Lappalie, Karotin, Karotte* usw., die wir vielleicht noch nie geschrieben und womöglich auch ganz selten gelesen, jedenfalls noch nicht fest gespeichert haben, richtig aufs Papier zu bringen? Da ist eine Menge Wissen am Werke über Wortbetonung, Silbenaufbau, Kurz- und Langvokal und die Folgen, die das für einen erwartbaren doppelten oder einfachen Konsonantenbuchstaben hat.

Dieses implizite Wissen aufzubauen und explizit zu machen, das heißt ins Bewusstsein zu heben, ist Ziel einer Rechtschreib-Grammatik-Werkstatt. Wie neuere Untersuchungen zeigen, ist dies für das Rechtschreiblernen auch tatsächlich eine Hilfe. „Erklärungsmuster, die der Unterricht den Kindern anbietet, werden von diesen auch aufgegriffen, d. h. ein Unterricht, der sich allein auf Spracherfahrung stützt und darauf vertraut, dass Kinder die Rechtschreibung vollkommen eigenaktiv erlernen, unterstützt nicht optimal das Lernen aller Kinder" (U. Spiegel 1999, S. 366). Insbesondere wäre es natürlich hilfreich, solche Fragen wie die nach *Päckchen* und *Paket* aufzugreifen, weil sich schon in der Frage selbst ein Interesse am Problem zeigt, und sie mit den Kindern gemeinsam zu lösen zu versuchen.

Und das wollen wir in unserer Werkstatt zunächst einmal an Wörtern tun, die wir den Kindern zu lesen geben. Dass ein Teil dieser Wörter entweder noch nie gelesene Wörter oder Fantasiewörter sind, trägt dazu bei, die ganze Aufmerksamkeit auf ihr Äußeres zu richten. Außerdem sind einige von ihnen lustig zu lesen! Die Grundannahme, von der wir ausgehen und die ja auch bereits zu den Hypothesen bei Kindern in der Grundschule oder dem 5./6. Schuljahr gehört, ist: Wenn zwei Wörter unterschiedlich geschrieben werden, dann werden sie wahrscheinlich auch unterschiedlich gesprochen. Das ist bis auf wenige Ausnahmen immer so. Also wollen wir die Aussprache erproben!

Lassen wir die folgenden Wortpaare von den Kindern einmal probeweise lesen. Wir können damit beginnen, dass wir ihnen mitteilen: „Es gibt eine deutsche Aussprache von *Tun-nel* und eine schweizerische von *Tu-nell*. Doch nicht nur die Aussprache der Wörter ist anders, sondern auch ihre Schreibung. Wörter werden ja vor allem im Hinblick auf ihre Aussprache so oder so geschrieben, damit man sie also richtig lesen kann." Woran aber merkt man, dass die beiden Wörter verschieden geschrieben werden? Das sollte möglichst genau beschrieben und an der Ta-

fel durch Unterstreichungen oder Farbe festgehalten werden. Natürlich: Man sieht es an den verdoppelten Konsonanten-Buchstaben nn bzw. ll. Silben mit Doppelkonsonanten werden stets betont. Dieses Wissen ist auch implizit vorhanden, und die Kinder können weitere Beispiel dafür nennen, die an der Tafel gesammelt und markiert werden:
<u>Him</u>-mel, <u>Höl</u>-le, <u>Don</u>-ner, <u>ren</u>-nen, ver-<u>dammt</u>, be-<u>läm</u>-mert, …

Dann lesen die Kinder einmal probeweise die folgenden Wörter, die erst nach dem Vorlesen markiert werden:

Material

Lies die folgenden Wörter vor:

Tu**nell** – **Tun**nel	pa**letti** – **pall**eti	**Git**ter – Gi**tarr**e
Pi**nelli** – **Pinn**eli	**Karr**e – Kara**mell**en	Re**bbel** – Re**bell**
Kappele – Ka**pell**e	**Tabb**ele – Ta**bell**e	**Fuss**el – Fu**sell**
Rappel – Ra**pell**	Ra**batt** – **Sabb**at	**Schnupp**el – Schnu**pell**

Man kann das Erfahrene auch gemeinsam mit den Kindern in einem „Merksatz", in dem Sie zunächst eine Lücke lassen, formulieren:
Wenn wir ein Wort mit einem doppelten Konsonanten lesen, dann wird die Silbe betont, die _____ dem Doppelkonsonanten steht.

Natürlich wird diese Erkenntnis auch schreibend angewendet, indem Sie den Kindern Wörter diktieren, die sonst möglichst „lautrein" sind und keine weiteren Schreibprobleme enthalten: bekannte Wörter (aus dem Grundwortschatz) und Fantasiewörter:
kommen, beginnen, brennen, donnern, gefressen, Gummi, Hammer, hoffentlich, kaputt, krabbeln, Karamellen, Pappe, Prinzessin, bimmeln, Modder, …
Krommel, Kromell, Schlapper, Schlapell, Gebuff, …
vielleicht sogar: *Kullari – Kularri, Patammi – Pattami, …*

Übrigens: Es gibt einige Ausnahmen von dieser Regel, mit der viele Kinder nicht zurechtkommen (was aber wiederum nur beweist, dass das implizite Wissen über die Regel durchaus vorhanden ist), nämlich *herum, heran, darin*. Der einfache Konsonant in einer betonten Silbe mit kurzem Vokal wird ja sonst stets verdoppelt (Ge<u>plärr</u>, Ge<u>brumm</u>, so<u>dann</u> …); das ist bei vielen Kurzwörtern aber nicht der Fall. Diese Wörter sollten, da sie von Kindern häufig verwendet werden, auch als Besonderheit der deutschen Orthographie herausgestellt werden. Schreiben Sie sie ruhig an die Tafel, teilen Sie den Kindern mit, dass sie eigentlich mit zwei mm oder nn (*herumm, herann, darinn*) geschrieben werden müssten, streichen Sie das zweite m und n aber rasch wieder durch und sagen Sie den Kindern: „Alle Wörter mit *um, an, in* werden nur mit einem m oder n geschrieben; sie sind eine Besonderheit!" Dann haben Sie mehr getan, als nur Wörter in die Köpfe der Kinder hineingestopft, nämlich: ihnen mitgeteilt, dass ihre eigenen Fehler gar nicht so dumm, sondern im Gegenteil klug gedacht sind. Und dann stellen Sie solche Wörter (es sind ja nur wenige) als Besonderheiten zusammen:

um, herum, darum, warum – an, heran – in, drin, darin – ich bin, …

Der Aufbau der Wörter: Offene Silbe – geschlossene Silbe

Der doppelte Konsonant weist uns beim Lesen nicht nur auf Betonung hin, sondern auch auf vokalische Kürze. Das wird am Gegensatz von *Qualen* und *Quallen* deutlich. Beide Wörter bestehen, wie die meisten Wörter unserer Sprache, aus zwei Silben. Bei beiden Wörtern ist die zweite Silbe unbetont und endet auf *-len*. Der Unterschied liegt auf der ersten Silbe, die in beiden Wörtern betont ist, aber anders klingt. Worin besteht aber der Unterschied? Als Erwachsene, die wir es in der Schule so gelernt haben, meinen wir bei *Qua-len* ein längeres a zu hören als bei *Qual-len*. Das ist nun ohne Zweifel sehr metaphorisch: „lang – kurz", als ginge es um eine zeitliche Ausdehnung – ähnlich wie in der Musik, wo wir von „hohen" und „tiefen" Tönen sprechen, als ginge es um einen räumlichen Unterschied. Wer Kinder, die noch nichts von „lang – kurz" wissen, fragt, welchen Unterschied sie hören, wird andere Antworten bekommen, und zwar solche, die eigentlich richtiger sind: „Bei *Qualen* ist der Mund schön weit offen. Das a klingt heller, deutlicher. Bei *Quallen* hört man das a gar nicht so deutlich. Es ist, als ob das a auf das l draufspringt", oder Ähnliches.

Lehrerinnen und Lehrer haben sich oft schon verzweifelt gefragt, warum es vielen Kindern so schwer fällt, zwischen „lang" und „kurz" zu unterscheiden – trotz aller Mühe, die man sich mit der Unterscheidung gegeben hat. Nun, ganz einfach: weil dieser Unterschied in der Tat nicht messbar ist. Es sind andere Qualitäten der beiden a, die sich mit Metaphern wie Helligkeit, Offenheit, Deutlichkeit usw. viel besser charakterisieren lassen als mit Länge und Kürze. Wir bezeichnen als Erwachsene ganz selbstverständlich etwas als „lang" oder „kurz", weil wir es so gelernt haben; hören tun wir es nicht. Auch wir hören etwas anderes. Es ist unser Wissen, das vorgibt, etwas zu hören, und so behaupten wir, bei *Tag* oder *Liter* ein langes a oder i zu hören, selbst wenn wir die Wörter kurz aussprechen.

Machen wir es doch einmal anders! Vermitteln wir den Kindern über Experimente ein Wissen über den Aufbau von Wörtern, das ihnen wahr-

scheinlich mehr Klarheit verschafft und Sicherheit in der Rechtschreibung gibt als eine unzulängliche Metaphorik. Fangen wir damit an, dass wir Kindern den Silbenaufbau von Wörtern erfahrbar machen. Dabei können wir uns auf eine Fähigkeit berufen, die jedes Kind mit in die Schule bringt: Wörter langsam und deutlich nach Silben zu sprechen und sogar, zumeist ohne Probleme, die Anzahl der Silben von Wörtern, zum Beispiel die ihrer eigenen Vornamen, anzugeben:
Tom, Kim, Li-sa, Fe-lix, Fe-li-zi-tas, Yas-min, Char-lot-te, Be-a-te, Do-ro-tee, An-ge-li-ka, A-lex, A-le-xan-der, ...

Wörter in Silben zu zerlegen und die Silben auf ihre Betonung zu überprüfen ist ein wichtiger höranalytischer Prozess, der später für das richtige Schreiben von großer Bedeutung ist. Das tun wir mit den Monatsnamen (*A-pril, Ju-ni, Au-gust, Sep-tem-ber, ...*), mit Tier- oder Pflanzenbezeichnungen (*Gi-raf-fe, Ti-ger, Ka-ka-du, Kro-ko-dil, E-le-fant, A-na-nas, Zi-tro-ne, Ap-fel-si-ne, ...*): deutliches Sprechen, genaues Hinhören, silbisches Aufschreiben und Lesen.

Schon im Anfangsunterricht werden ja solche Synthesen von Silben ausprobiert, die zu den lustigsten Tierbezeichnungen führen: *E-le-dil, Kro-ko-fant, Ka-le-fant, E-le-du*. Das ist Synthese, die die ganze Aufmerksamkeit auf den möglichen Silbenaufbau von Wörtern richtet.

Für die Rechtschreibung entscheidend ist dann aber, ein Bewusstsein zu gewinnen von dem Unterschied zwischen *SCHO-TEN* und *SCHOT-TEN, SCHA-FEN* und *SCHAF-FEN, PU-PEN* und *PUP-PEN, QUA-LEN* und *QUAL-LEN, KÄ-MEN* und *KÄM-MEN* – am Beispiel von Wörtern, bei denen, wenn wir sie hören, der Unterschied nur an einer einzigen, winzigen Stelle zu hören ist. Machen wir ein solches Hörexperiment an einem Fantasiewörterpaar, dann wird noch dazu die gesamte Aufmerksamkeit auf das Hören und Sprechen gerichtet, weil ja keine Bedeutungsassoziationen das Ganze stören: *WA-MEN* und *WAM-MEN*.

Lassen Sie die Kinder einmal genau beschreiben, was sie hören, – und seien Sie gespannt auf ihre Be- und Umschreibungen. An der Tafel könnte eine Skizze entstehen, die etwa so aussieht und die Äußerungen der Kinder mit enthält (s. Kasten S. 30).

Was wir bisher gelernt und vermittelt haben, ließe sich so beschreiben: Bei einem Wort wie *WAMEN* ist das a in der ersten betonten Silbe lang; bei einem Wort wie *WAMMEN* ist es kurz. Peter Eisenberg beschreibt diesen Sachverhalt folgendermaßen: „Ein gespannter (langer, W. M.) Vokal steht in offener Silbe und auch umgekehrt steht in offener Iktussilbe (betonter Silbe, W. M.) stets ein gespannter Vokal. Ist die Iktussilbe geschlossen, so ist der Vokal ungespannt." Es ist in diesem Falle „nicht offensichtlich, zu welcher Silbe der Konsonant gehört" (P. Eisenberg 1998, S. 128). Der Konsonant, den wir zwar nicht doppelt sprechen, von dem wir aber doch

Tafelbild

WA – MEN

Die erste Silbe: Die zweite Silbe:

Der Mund bleibt beim a offen.
Das a ist schön klar.
Das a klingt deutlich.
Das a kann man gut hören.
Die erste Silbe geht bis zum a.   Die zweite fängt mit dem m an.

....

Wir schreiben:

wa-men

- -

WaM – EN

Die erste Silbe: Die zweite Silbe:

Der Mund geht schnell wieder zu.
Das a ist nicht so klar.
Das a klingt undeutlicher.
Das a hört man nicht so gut.
Die erste Silbe geht bis zum m.   Die zweite fängt mit dem m an.

....

Wir schreiben:

wam-men

sagen können, dass er das Ende der ersten und zugleich den Anfang der zweiten Silbe bildet, stellt eine Art „Silbengelenk" dar. Es macht daher Sinn, dass wir ihn beim Schreiben in getrennten Silben doppelt aufführen: *WAM-MEN*. Diese Verdoppelung des Konsonanten nach einer geschlossenen, betonten Silbe nach ungespanntem (kurzem) Vokal stellt für Kinder eines der größten Rechtschreibprobleme dar, – eben deswegen, weil sie nur einen Konsonanten hören, aber zwei Konsonanten schreiben müssen. Und weil, wie gesagt, die Bewusstmachung dieses Phänomens über die Metapher des „kurzen" Vokals so unzulänglich gelingt, sollten wir die tatsächlich zu beobachtenden Phänomene bewusst machen, die die Kinder ja, wenn sie noch nichts von „kurz" oder „lang" gehört haben, selbst anders formulieren. Natürlich ist ein Begriff wie „offene Silbe" auch metaphorisch; doch er bezieht sich wenigstens auf etwas, das sichtbar ist, während „langer Vokal" sich auf etwas bezieht, das nur sehr schwer wirklich hörbar ist. Sprechen wir also in Zukunft von „offener" und „geschlossener" Silbe, wobei wir auf eine Charakterisierung der Vokale als „lang, deutlich, weit" bzw. „kurz, etwas undeutlicher, eng" ja nicht verzichten müssen. Und sagen wir ihnen, dass der auf eine solche Silbe folgende Vokal deswegen zweimal geschrieben wird, weil er zu beiden Silben gehört.

Die folgenden Wortpaare werden nun nach einer solchen Bewusstmachung deutlich gesprochen und schreibend den beiden Schaubildern zugeordnet:

SCHALEN – SCHALLEN   *QUALEN – QUALLEN*
PUPEN – PUPPEN   *SCHOTEN – SCHOTTEN*
POLEN – POLLEN   *SCHAFE – SCHAFFE*
SCHWELEN – SCHWELLEN   *KÄMEN – KÄMMEN*
KRALE – KRALLE   *TÄLER – TELLER*
LABERN – SABBERN   *SCHLAFEN – SCHLAFFEN*

Das ist der Anfang einer Einführung in das Phänomen der Doppelkonsonanz. Über diesen Anfang hinaus können wir hier in einer werkstattorientierten Wortgrammatik nicht gehen.

Nomen und Namen und ihre Großschreibung

Fehlschreibungen (werden im Folgenden mit * gekennzeichnet) wie **der Bissige hund* gehören zu den häufigsten in der Liste der Rechtschreibfehler bei Kindern. An zweiter Stelle stehen Fehler des Musters **ich habe wut*, also solcher Nomen (vor allem Gefühle bezeichnender Abstrakta), die ohne Artikel vorkommen können. Zumindest ist nicht ganz von der Hand zu weisen, dass dies auf einen Rechtschreib- und Grammatikunterricht zurückgeht, in dem die Aufmerksamkeit zugleich auf die Großschreibung der Nomen und auf den Artikel gerichtet wird oder in dem gar das Nomen durch den Artikel definiert ist. Durch Merksätze wie „Nomen haben einen Artikel" oder „Nomen können mit einem Artikel stehen" wird möglicherweise ein Denkmuster ausgebildet, welches den Schreiber dazu animiert, das unmittelbar auf den Artikel folgende Wort großzuschreiben oder andererseits artikellose Nomen klein. Auffällig ist jedenfalls, dass in Wortfolgen wie *der Hund* das Nomen sehr viel seltener klein geschrieben wird, und selbst nominalisierte Verben, wenn nur der Artikel dabeisteht (*das Lesen fällt mir schwer*), sind weniger fehleranfällig als solche, in denen er fehlt oder „versteckt" ist (**ich gehe zum turnen, *ich wünsche dir alles gute*). Möglich ist allerdings auch die Erklärung, dass bei der Begriffsbildung von „Nomen" zunächst die Vorstellung einer besonderen semantischen Bedeutsamkeit oder Wichtigkeit eine Rolle spielt; und da an der Aussage **der Bissige hund* die Bedeutung von *bissig* für den Schreiber wichtiger sein kann als die von *Hund*, schreibt er das Bedeutsamere groß.

Wie auch immer: An beiden Motiven für die Fehlschreibung ist der Unterricht selbst womöglich nicht ganz unschuldig, da er Grammatik – und damit in diesem Falle auch Rechtschreibung – entweder falsch semantisiert oder an unzulänglichen syntaktischen Mustern vorstellt oder, wie ich vermute, beides tut. Das beginnt bereits damit, dass Nomen in der Grundschule vielfach als „Namenwörter" bezeichnet werden und also *Tina, Felix* und *Hund* in einen begrifflichen Topf geworfen werden. Auch dadurch – und vielleicht sogar durch die zusätzliche „Übersetzung" von Nomen als „Hauptwort" – wird den Nomen eine Einmaligkeit und Bedeutsamkeit zugewiesen, die sie im konkreten Falle nicht haben müssen. Anstatt nominale Strukturen durchschaubar zu machen, belässt man es bei der Begriffsbildung bei unzulänglichen Mustern und semantischen Apostrophierungen.

Ein Werkstatt-Unterricht, der auf Beobachtungen und Experimente angelegt ist – statt auf unzulängliche Mitteilungen oder Einübungen ohne genaueres Vorwissen –, geht anders vor. Da wird zum Beispiel ausprobiert, was man mit Namen anderes machen kann als mit Nomen, was strukturell so alles vor Nomen stehen kann und was mit dem Wortkörper genau passiert, wenn man aus anderen Wortarten ein Nomen bildet. Da werden „Signale" für Nomen gesammelt und syntaktische „Muster" zusammengestellt, die das sprachliche Denken so befördern, so dass die Probleme der Großschreibung der Nomen zumindest für den Alltagsgebrauch profihafter gelöst werden können. Das geht natürlich nicht mit einem Wischiwaschi aus Semantik, inhaltbezogenem Nachdenken, kurzschlüssigen grammatischen Merksätzen und gelegentlichen Hinweisen auf die Rechtschreibung, sondern nur mit Erfahrungen, die man mit Wörtern im Kontext machen kann, mit nominalen Mustern oder Strukturen. Alle Problemfälle der Großschreibung können damit natürlich nicht gelöst werden, doch die Alltagsprobleme etwas besser als bisher üblich.

Ich habe schon angedeutet, was man vermeiden sollte, damit keine falschen oder unzulänglichen Vorstellungen in die Bildung des Begriffs „Nomen" eingehen. Den Fokus beim Thema der Großschreibung von Nomen auf den bestimmten Artikel zu richten, wäre als Erstes zu vermeiden. Zählt man einmal beliebige Texte, wie ich es in Schüleraufsätzen und Zeitungsartikeln getan habe, daraufhin durch, wie oft der bestimmte Artikel unmittelbar vor einem Nomen steht, so mag man vielleicht erstaunt sein darüber, dass dies durchschnittlich nur in 37,9 % der Fälle so ist. Selbst in einem beliebigen Fibeltext (siehe unten S. 38) sind die meisten Nomen nicht auf das Signal eines bestimmten Artikels beziehbar. Nicht einmal in der Hälfte der Fälle tauchen in Texten überhaupt Artikel auf (ein bestimmter, unbestimmter oder einer vor einem Adjektiv-Attribut), die auf Nomen verweisen. Über die Hälfte aller Nomen in einem Text steht nach Präpositionen (ohne oder mit „verstecktem" Artikel), nach Pronomen und Adjektiven oder wird artikellos verwendet. Das Muster Artikel (unbestimmt oder bestimmt) – Adjektiv – Nomen macht in den ausgezählten Texten etwa ein Siebentel aller Fälle aus; artikellose Pluralwörter, Stoffbezeichnungen und Namen stellen gar ein Fünftel. Jene Kombination, auf die im Unterricht die größte Aufmerksamkeit gerichtet wird, ist also in Texten, auch solchen, die die Kinder schreiben, eher selten; in fast zwei Drittel aller Fälle steht (unmittelbar) vor dem Nomen kein bestimmter Artikel und in über der Hälfte aller Fälle überhaupt keiner. Wären nicht die meisten Nomen, die in Alltagstexten vorkommen, Konkreta und Namen, die tatsächlich auf greifbare Dinge verweisen und deshalb als Ding- oder Hauptwörter erkannt werden, müsste die Anzahl der Großschreibungsfehler in Schülertexten noch weit höher sein, als dies tatsächlich der Fall ist. Immerhin hat sie mit über 25 % noch immer den größten Anteil an allen Fehlern.

Was folgt nun daraus für einen veränderten Grammatik-Rechtschreibunterricht? – Vor allem müsste das getan werden, was ich auch getan habe und was ein sprachbetrachtender Unterricht immer tun müsste: selbstständig beobachten, beschreiben, ermitteln, was tatsächlich Sache ist. Immer noch teilen wir den Kindern in Merksätzen Regeln mit („Satzanfänge und Nomen schreibt man groß."), die sie auch selbst herausfinden könnten, – und hindern sie damit daran, eigene Erfahrungen mit der Sprache zu machen. Produkt- statt Prozessorientierung, Belehrung statt Erfahrung. Dabei wissen wir doch seit langem, dass Selbstermitteltes besser zu behalten, besser aktualisierbar und operationalisierbar ist.

Ein werkstattorientierter Unterricht könnte schon in der Grundschule Aufgaben stellen wie: „Markiere alle großgeschriebenen Wörter in die-

> **Material**
>
> ## Hund und Katze
>
> Der Hund des Nachbarn heißt Flocki.
> Die Katze meiner Freundin heißt Sissi.
> Flocki ist ein Dackel.
> Er knabbert gerne Knochen ab.
> Sissi ist eine schwarze Katze mit einem weißen Punkt auf der Nase.
> Sie mag gerne Milch.
>
> *Markiere die großgeschriebenen Wörter (Nomen und Namen) und unterstreiche die Begleiter (Artikel), die dazugehören.*

sem Text." Und die Kinder könnten dann mit Hilfe ihrer Lehrerin zunächst einmal zwei Kategorien von großgeschriebenen Wörtern bilden: Solche, die am Satzanfang stehen, und solche, die innerhalb des Satzes stehen. So gelangt man weitgehend zu einem ersten Wissen-Dass. Für den Satzanfang dieses Wissen in ein Wissen-Warum zu überführen, das ist dann eine Sache der gemeinsamen Spekulation, die ohne Probleme zu dem plausiblen Ergebnis gelangt, dass der Anfang eines Satzes besonders auffällig sein muss, damit man Texte besser lesen kann. Deswegen also schreibt man Satzanfänge groß. Doch nicht einmal eine solche Begründung findet sich in den meisten Sprachbüchern zu den Regelsätzen. Also auch hier nur die Verbreitung des Wissens-Dass statt einer Ausstattung der Kinder mit dem Wissen-Warum.

Weitaus schwieriger ist es natürlich, für die Großschreibung von Wörtern innerhalb des Satzes Kategorien zu entwickeln, wie schon ein einfacher Fibeltext zeigt. Die Namen der Tiere lassen sich zuerst erkennen; sie sind großgeschrieben – und man schreibt sie immer groß, weil sie besonders wichtig sind. Aber dann gibt es noch neun weitere großgeschriebene Wörter, von denen sich einige wiederholen. Was sind das für Wörter, und warum mag man sie wohl großschreiben? Namen sind das ja nicht, und es wäre für Kinder wohl auch kaum einsehbar, dass *Knochen* ein ähnliches Wort ist wie *Flocki* (siehe Material; viele Sprachbücher bezeichnen aber Knochen dennoch als „Namenwort" – eine Irreführung!).

Was erkennt man? Es gibt Wörter, die stehen mit einem Begleiter, und andere, die ohne ihn stehen.

Flocki, der Hund – und Sissi, die Katze

Material

Flocki hat ein schwarzes Fell.

_____ hat ein weißes Fell.

Der _____ hat ein schwarzes Fell.

Die _____ hat ein weißes Fell.

_____ Fell ist schwarz.

_____ Fell ist weiß.

Das Fell von _____ ist schwarz.

Das Fell von _____ ist weiß.

Das Fell von dem _____ ist schwarz.

Das Fell von der _____ ist weiß.

Da ist ein Hund, sein Name ist Flocki.
Und da ist eine Katze, ihr Name ist Sissi.
Versuche einmal diese Wörter in die Lücken einzusetzen.

Wie können großgeschriebene Wörter in Sätzen vorkommen? Kann man mit allen von ihnen dasselbe tun? Probieren wir einmal aus: Wenn der *Hund* ein *schwarzes* Fell hat, wie muss ich das schreiben: *Hundes schwarzes Fell* oder *das schwarze Fell von dem Hund* oder *des Hundes*? Und wenn der Hund *Flocki* heißt, wie sage ich dann: *Flockis Fell ist schwarz* oder *das schwarze Fell von Flocki* – oder beides? Und wie ist das bei den anderen großgeschriebenen Wörtern (siehe Material oben)?

Dabei wird durch diese Experimente deutlich: Nur die Namen können in diesem Falle ohne Artikel stehen – und stehen auch in der Regel so; die Nomen stehen hingegen mit Artikel. Das können auch manchmal die Namen (*Der Flocki hat ein schwarzes Fell*), aber sie müssen es nicht. Namen können (im so genannten „sächsischen" Genitiv: *Flockis Fell*) stehen, Nomen können das in unserem Falle nicht. Das ist zwar bei einigen Verwandt-

Material

Von Tellern und Straßen

Flockis Teller _____

der Teller von Flocki _____

der Teller des Flockis _____

Hundes Teller _____

der Teller des Hundes _____

der Teller von Hund _____

Berlins Straßen _____

die Straßen von Berlin _____

die Straßen des Berlins _____

Stadts Straßen _____

die Straßen der Stadt _____

die Straßen von Stadt _____

Schreibe dahinter, ob du die Zeile richtig findest oder falsch.

schaftsbezeichnungen wie *Oma, Opa, Mutter, Vater*, die hier nicht berücksichtigt werden, auch möglich, aber dann werden sie gleichsam wie Namen verwendet: *Vaters Mütze*, aber kaum **Schwesters Haare*.

Sie können solche Experimente noch etwas weiterführen: *Tinas Bleistift*, aber nicht **Mädchens Bleistift*, – *der Bleistift von Tina*, aber nicht **der*

Bleistift von Mädchen, sondern: *von **dem** Mädchen*, – *Tina hat **einen** Bleistift*, auch: ***die** Tina hat **einen** Bleistift*, aber nicht **Mädchen hat Bleistift*, sondern: ***das** Mädchen hat **einen** Bleistift* usw. Das kann alles mit Hilfe des Sprachbewusstseins der Kinder schon erprobt werden. Und dabei erfahren sie etwas über den grundsätzlichen Unterschied zwischen Namen und anderen großgeschriebenen Wörtern. Namen sind Wörter für einen bestimmten Menschen oder ein bestimmtes Tier. Und weil die Namen natürlich besonders wichtig sind, schreibt man sie groß. Und: Namen stehen meistens ohne Begleiter. Die anderen großgeschriebenen Wörter werden dann irgendwann im zweiten oder dritten Schuljahr „Nomen" oder „Substantive" oder „Dingwörter" genannt, jedenfalls sollten sie nicht „Namenwörter" heißen. Und: Nomen können fast immer mit einem Begleiter stehen. Verstehbar ist den Kindern auch schon, dass diese Wörter solche für Tiere, Menschen und Dinge sind, und die schreibt man ebenfalls groß.

Signale für Nomen

Grundsätzlich gibt es zwei Möglichkeiten, Kinder der Grundschule an den Begriff Nomen durch eigene Erfahrungen anzunähern: zum einen eine semantische und zweitens eine syntaktische. Der semantischen hat sich die Schulgrammatik seit je bedient: Nomen sind Wörter für Dinge und Sachen (wie *Gläser, Salat*) und für Lebewesen (wie *Kinder*). Diese kann man meistens sehen, hören, fühlen, anfassen, essen, riechen oder schmecken. Eine solche Beschreibung ist Kindern auch selbst schon möglich, sie umfasst noch nicht die Gruppe der gedanklichen und emotionalen Dinge und der Sachverhalte (Abstrakta wie *Liebe, Klugheit, Wut, Glück* usw.), aber doch den Grundbestand der Nomen in Texten, denen Kinder begegnen und die sie selber verfassen. Allerdings bedarf diese Kategorie, da sie von den Kindern zunächst nur als sehr ungefähre Vermutung (Hypothese) formuliert werden kann, der empirischen Überprüfung. Und das heißt nichts anderes als Wortgruppen zusammenstellen, Paradigmata sammeln: Was man alles essen und trinken kann, an welchen Stellen man das kann, woraus man isst oder trinkt, wer das tut usw. Auf diese Weise kann man ein Repertoire von Nomen zusammenstellen. Wichtig dabei ist vor allem das Vorgehen: genau anschauen, suchen, markieren, ersetzen, über das Gemeinsame des Herausgefundenen sprechen, Kategorien bilden. Am Ende steht der Begriff: Man nennt solche Wörter „Nomen". Nomen sind Wörter vor allem für Dinge und Lebewesen.

In der Regel geschieht es nun im Unterricht, dass man das erworbene Wissen sogleich anzuwenden versucht, ohne zuvor einmal genauer untersucht zu haben, wie die Nomen in geschriebenen Texten eigentlich

Material

1. Einkaufen früher

Markiere alle Nomen und Namen.
Unterstreiche die Begleiter, die dazugehören.

Frau Bruns wohnte in Glücksstadt. Zum Einkaufen ging sie damals zu Herrn Krämer, der ein paar Häuser weiter seinen Laden hatte. Für die Milch nahm sie ihre Milchkanne mit. Der Kaufmann füllte die Kanne voll. Ihre Säfte bekam sie in Pfandflaschen, Gurken und Sauerkraut holte der Kaufmann aus seinen Fässern und packte sie in Pergamentpapier ein. Wurst und Käse schnitt er in Scheiben, wog sie aus, wickelte sie in Papier und steckte sie Frau Bruns in ihre Einkaufstasche.

---

vorkommen. Viel zu rasch regelorientiertes Anwenden, viel zu wenig Untersuchung und Betrachtung! Diese spielen nun in einem werkstattorientierten Unterricht eine wichtige Rolle: „Markiere alle Nomen und Namen, die du an der Großschreibung erkennst, und unterstreiche die Artikel, die zu ihnen gehören!" Dabei wird sofort deutlich, wie selten die Artikel als Signale für die Großschreibung tatsächlich vorkommen. Die Kinder erkennen aber auch, dass es Signale für Nomen gibt, die den Artikeln entsprechen und die ja auch zu den „Begleitern" zählen, nämlich *mein, dein* usw. Es wäre überhaupt für die Schulgrammatik wichtig, dass man in der Grundschule den Fokus nicht ständig ausschließlich auf die drei Standardformen der Begleiter *der, die, das* richtet, sondern die anderen Formen und Arten von Begleitern, die insgesamt häufiger vorkommen, in die Betrachtung einbezieht und damit ins Bewusstsein hebt: *des, dem, den, ein, eines, einem, einen, mein, dein, sein, ihr* und *kein*. Schon in dem kleinen Sprachbuchtext „Einkaufen früher" stehen den drei unflektierten Artikeln *der* bzw. *die* fünf *seine* bzw. *ihre* gegenüber.

Die überwiegende Mehrzahl der Nomen und Namen steht aber ohne solche Signale, nämlich 14 (wie die Namen *Glücksstadt, Herr Krämer,* und die Stoffbezeichnungen *Wurst, Käse, Pergamentpapier* usw., die ja meistens ohne Artikel verwendet werden, und Abstrakta wie *Einkaufen*).

Mit Hilfe von Erweiterungsexperimenten können die Kinder nun aber auch erproben, ob es möglich ist, solche Signale für Nomen (Artikel und Pronomen als Begleiter) an jeder Stelle in den Text einzufügen (siehe Material auf S. 39). *Die Frau Bruns* oder *in dem Glücksstadt, zu dem Einkauf* geht

2. Einkaufen früher

_____ Frau Bruns wohnte in _____ Glücksstadt. Zu _____ Einkauf ging sie damals zu _____ Herrn Krämer, der _____ Häuser weiter _____ Laden hatte. Für _____ Milch nahm sie _____ Milchkanne mit. _____ Kaufmann füllte _____ Kanne voll. _____ Säfte bekam sie in _____ Pfandflaschen, _____ Gurken und _____ Sauerkraut holte _____ Kaufmann aus _____ Fässern und packte sie in _____ Pergamentpapier ein. _____ Wurst und _____ Käse schnitt er in _____ Scheiben, wog sie aus, wickelte sie in _____ Papier und steckte sie _____ Frau Bruns in _____ Einkaufstasche.

1. Setze in die Lücken einen Begleiter ein, wenn du meinst, es geht: **Die** Frau Bruns …
2. Du kannst auch zusätzlich noch ein Adjektiv vor das Nomen setzen:
Die **kleine** Frau Bruns …

nun nicht ohne weiteres. Wenn man aber ein Adjektiv einfügt, dann geht's wieder: <u>Die</u> *kleine Frau Bruns* – *in <u>dem</u> schönen Glücksstadt* – *zu <u>dem</u> täglichen Einkauf(en)*. Ein solches „Attribuierungsexperiment" ist in höheren Schuljahren bedeutsam für die Erkenntnis, was man mit Nomen und Namen machen kann. Es ist nämlich eines der ganz besonderen Charakteristika von Nomen, dass man sie attribuieren, also in der einfachsten

Form mit einem Adjektiv (und damit auch mit einem Artikel) versehen kann. Das ist in unserem Experiment dann bei den 14 begleiterlosen Nomen bis auf ein einziges Mal (*ein paar Häuser*) ohne Probleme möglich.

Und so könnten die bearbeiteten Texte aussehen:

Einkaufen früher (zu 1.)

Frau Bruns wohnte in Glücksstadt. Zum Einkaufen ging sie damals zu Herrn Krämer, der ein paar Häuser weiter seinen Laden hatte. Für die Milch nahm sie ihre Milchkanne mit. Der Kaufmann füllte die Kanne voll. Ihre Säfte bekam sie in Pfandflaschen, Gurken und Sauerkraut holte der Kaufmann aus seinen Fässern und packte sie in Pergamentpapier ein. Wurst und Käse schnitt er in Scheiben, wog sie aus, wickelte sie in Papier und steckte sie Frau Bruns in ihre Einkaufstasche.

Einkaufen früher (zu 2.)

Die *kleine* Frau Bruns wohnte in dem *schönen* Glücksstadt. Zu ihrem *täglichen* Einkauf ging sie damals zu dem *freundlichen* Herrn Krämer, der ein paar Häuser weiter seinen *kleinen* Laden hatte. Für die *frische* Milch nahm sie ihre *blaue* Milchkanne mit. Der *freundliche* Kaufmann füllte die *blaue* Kanne voll. *Süße* Säfte bekam sie in den *mitgebrachten* Pfandflaschen, die *sauren* Gurken und das *gute* Sauerkraut holte der *nette* Kaufmann aus den *dicken* Fässern und packte sie in das *wasserdichte* Pergamentpapier ein. Die *geräucherte* Wurst und den *würzigen* Käse schnitt er in *feine* Scheiben, wog sie aus, wickelte sie in das *weiße* Papier und steckte sie der *kleinen* Frau Bruns in ihre *große* Einkaufstasche.

Wo ist eigentlich ein Satz zu Ende?

Einen Begriff vom Satz haben die Kinder in der Grundschule erst in Ansätzen. Beim mündlichen Erzählen folgt ein Gedanke dem anderen; beim Schreiben ist das am Anfang ebenso. Die vielen Und-da-Anfänge sind ein Beleg dafür, dass die Gedanken ineinander fließen. Oftmals werden daher die Sätze hintereinander weggeschrieben – ohne Punkte und Kommas. Satzeichen sind ja auch eigentlich Signale, die dem Leser das Lesen erleichtern sollen. Und an die Leser denkt ein Kind beim Schreiben zunächst noch nicht. Es ist mit den eigenen Gedanken beschäftigt; es fügt sie aneinander, wie es früher auch die Mönche getan haben, die beim Übersetzen biblischer Texte nicht einmal Lückenzwischendieeinzelnen-Wörtergesetzthaben, geschweige denn, dass sie Sätze voneinander abgegrenzt hätten. Erst wenn ein längerer Gedankengang zu Ende war, machten sie einen Absatz. Das war für den Schreibenden etwas ganz Natürliches.

Auch die Sprachwissenschaftler haben sich mit der Definition (der Eingrenzung) des Satzes stets schwer getan. Da gibt es die linguistischen Definitionen des Satzes, die vom Verb ausgehen mit seinen notwendigen „Ergänzungen" und „Mitspielern"; und die pragmatischen Definitionen, die von Anfang und Ende einer gedanklichen Aussage bestimmt sind. Wo aber ein Punkt als Satzschlusszeichen stehen muss, dafür gibt es bis heute keine feste Regel. Und das ist auch gut so. Denn natürlich möchte sich der Schreiber offen halten, ob er mehrere Gedanken, die für ihn zusammengehören, nicht doch lieber durch Kommas oder, wenn er schon ganz routiniert damit umzugehen versteht, durch Semikolons miteinander verbindet, statt sie durch Punkte und Großschreibung des Satzanfangs voneinander abzugrenzen. Und auch das Umgekehrte kommt mehr und mehr vor – zum Leidwesen von Lehrerinnen und Lehrern. Vor allem in der Werbung. Da werden Aufmerksamkeit erzeugende Punkte gesetzt. Manchmal nach kurzen Aussagen. Die eigentlich gar keine Sätze sind. Jedenfalls nicht im grammatischen Sinne. Sondern manchmal nur Wörter. Einzelne sogar. Und so etwas lesen natürlich auch schon Kinder.

Was Kinder lernen sollen, das ist natürlich das Schreiben auch im Hinblick auf Leser. Ganz unnötig ist es aber dabei, schulische Normen zu setzen, die es als linguistische Normen nicht gibt. Weitgehend normiert ist die Kommasetzung, und zwar grammatisch normiert. Normiert ist auch die Setzung des Fragezeichens in Fragesatzformen. Offen dagegen ist aber, ob wir statt manchen Punktes ein Komma setzen oder ein Semikolon; offen ist auch, wann wir ein Ausrufezeichen setzen. Aber das Lesen zu erleichtern und mögliche Missverständnisse zu verhindern, das ist eine Aufgabe, die Schreibende allmählich lernen müssen: Sonst kann man mit Hilfe dessen, was man geschrieben hat, schlecht kommunizieren.

Setzen wir dabei an! Nicht bei dem Bemühen, den Satz definieren zu wollen, – was kein Kind verstehen kann; auch nicht bei dem ominösen Hinweis „Satz!" am Rande von Aufsatzzeilen oder bei anderen normativen Eingriffen in Kindertexte, die Kinder zwar hinnehmen, doch noch nicht einsehen können. Machen wir's spielerisch, und zwar zunächst aus der Perspektive des Lesers, mit Texten, die die Leser verwirren, wenn sie ohne Punkt und Komma daherkommen. Solche Texte sollten von den Kindern Zeile für Zeile zunächst so gelesen werden, wie sie da stehen. Da gibt es etwas zu lachen, wie etwa bei dem folgenden uralten Kindertext:

Material

Zehn Finger an jeder Hand

Zehn Finger hab' ich an jeder Hand
sind es fünf und zwanzig Zehen
und Finger hab' ich zusammen.
Zehn Zehen hab' ich an jedem Fuß
sind es fünf und zwanzig Finger
und Zehen hab' ich zusammen.

Lies den Text. Dann setze einen Punkt, wo du denkst, dass ein Satz zu Ende ist.

Das ist ein Vexierspiel, welches durch den Zeilenfall und die fehlende Zeichensetzung provoziert wird. Vielleicht ist das zunächst sogar ganz und gar unverständlich. Doch der Text bekommt einen Sinn, wenn man an der richtigen Stelle einen Punkt setzt. Und das sollen die Kinder dann in einem zweiten Schritt auch tun: *Zehn Finger hab' ich. An jeder Hand sind es fünf. Und zwanzig Zehen und Finger hab' ich zusammen ...* – So etwas können wir mit weiteren ähnlichen Texten tun; und Sie können als Lehrerin oder Lehrer solche Texte auch selbst schreiben, die ja alle nach demselben Prinzip gebaut sind: Syntax und Zeilenfall legen eine Leseweise nahe, die unsinnig ist, was seinerseits dazu motiviert, Sinn herzustellen (s. Material auf S. 43).

Manchmal brauchen Sie auch gar nichts zu erfinden. Texte von Kindern, wenn man sie nur in besonderem Zeilenfall aufschreibt, geben selbst oft etwas her für die Einsicht, wie wichtig es ist, beim Schreiben auf

Meine vielen Tiere

Ich habe zwei Katzen in meinem Aquarium
schwimmen zehn Fische in einem Käfig
sitzt mein Hamster im Pferdestall draußen
habe ich ein Pony in einem Karton
krabbelt die Schildkröte und der Pudel
bellt auf dem Hof der Löwenmann
schaut mich aus dem Bilderbuch an.

Frau Krause kauft ein

Sie kauft für die Suppe Tomaten Seife
kauft sie zum Waschen für den Obstsalat
kauft sie Bananen für den Wellensittich
bringt sie Vogelfutter mit für das Baby
besorgt sie Windeln für die Nachbarin
kauft sie Lockenwickler für den Opa
soll sie Rasierwasser mitbringen für die Katze
kauft sie zuletzt noch Katzenfutter.

Komische Berufe!

Die Bäckersfrau backt Brot und Häuser
mauert der Maurer die Kühe
melkt die Bäuerin die Wände
tapeziert der Maler das Pferd
beschlägt der Schmied den Garten
harkt die Gärtnerin die Kranken
heilt die Ärztin den Schornstein
fegt der Schornsteinfeger die allerschönsten Kleider
näht und bügelt der Schneider.

Material

Material

Aus Kinderaufsätzen:

Die Marionette

Die Marionette hat weiße Haare auf ihrem Gesicht
sind zwei schöne knallrote Backen auf dem Kopf
trägt sie eine goldene Krone an ihrem Körper
hat sie ein weißes Gewand an den Armen
sind dünne Fäden damit kann man sie bewegen.

Tiere

Meine Verwandten haben drei Kanarienvögel und ich habe mir auch immer einen Vogel gewünscht meine Eltern schenkten mir zum Namenstag einen Wellensittich manchmal fängt er ganz laut an zu piepen jeden Morgen bekommt er frisches Wasser am Tag spreche ich öfter mit ihm denn ich hoffe dass er es auch noch lernt abends decke ich ihn zu am Tag steht er in der Küche ich habe meinen kleinen Freund sehr gern.

Punkte zu achten, wenn man den Leser nicht in die Irre führen möchte (s. Beispiel oben).

Was ein Satz wirklich ist und wo man Punkte setzt, haben die Kinder mit solchen Experimenten noch nicht gelernt. Das ist auch vorerst weniger wichtig als zu wissen, dass man Satzzeichen setzen sollte, um dem Leser das Lesen zu erleichtern. Willkürlich werden sie sicher nicht gesetzt, sondern an Stellen, an denen so etwas wie ein Gedanke zu Ende ist oder wo man beim Lesen eine Pause macht. Und dies ist allemal eine erste Einsicht in das, was einen Satz ausmacht.

Wenn Sie einen Schritt weiter gehen möchten, könnten Sie mit den Kinder erproben, ob es denn wirklich wichtig ist, dass solche Sinneinheiten mit Lesepause tatsächlich durch Punkte gekennzeichnet werden müssen – oder ob es nicht auch mit Kommas geht. Dann könnten Sie die Kinder das eine oder andere einsetzen lassen und, nachdem die beiden Ver-

Drei mögliche Lösungen:

Tiere

Meine Verwandten haben drei Kanarienvögel. Und ich habe mir auch immer einen Vogel gewünscht. Meine Eltern schenkten mir zum Namenstag einen Wellensittich. Manchmal fängt er ganz laut an zu piepen. Jeden Morgen bekommt er frisches Wasser. Am Tag spreche ich öfter mit ihm, denn ich hoffe, dass er es auch noch lernt. Abends decke ich ihn zu. Am Tag steht er in der Küche. Ich habe meinen kleinen Freund sehr gern.

Tiere

Meine Verwandten haben drei Kanarienvögel, und ich habe mir auch immer einen Vogel gewünscht, meine Eltern schenkten mir zum Namenstag einen Wellensittich, manchmal fängt er ganz laut an zu piepen, jeden Morgen bekommt er frisches Wasser, am Tag spreche ich öfter mit ihm, denn ich hoffe, dass er es auch noch lernt, abends decke ich ihn zu, am Tag steht er in der Küche, ich habe meinen kleinen Freund sehr gern.

Tiere

Meine Verwandten haben drei Kanarienvögel, und ich habe mir auch immer einen Vogel gewünscht. Meine Eltern schenkten mir zum Namenstag einen Wellensittich. Manchmal fängt er ganz laut an zu piepen. Jeden Morgen bekommt er frisches Wasser, am Tag spreche ich öfter mit ihm, denn ich hoffe, dass er es auch noch lernt. Abends decke ich ihn zu, am Tag steht er in der Küche. Ich habe meinen kleinen Freund sehr gern.

sionen gelesen worden sind, über den Unterschied sprechen, den sie dabei bemerken.

Sicherlich werden sich die Kinder am ehesten eine Mischung aus Punkt- und Kommasetzung wünschen. Und da wären wir auch schon bei Begründungen dafür, warum an welcher Stelle eher das eine oder das andere Satzzeichen zweckmäßiger wäre. Wenn Sie durch solche Experimente zu Texten wie dem letzten auf Seite 45 gelangen, haben Sie viel dazu beigetragen, die Aufmerksamkeit auf das zu richten, was später einmal zur Konsolidierung des Satzbegriffs führt.

Erste Einblicke in Satzglieder: „Muss es denn ausgerechnet das Subjekt sein?"

Einen Einblick in das, was Satzglieder sind, erhalten die Kinder bereits im 3./4. Schuljahr. Umstellproben ermöglichen es ihnen zu erkennen, was überhaupt ein Satzglied ist. Mit den üblichen Fragen (*Wer oder was? Wem? Wen oder was?*) wird ihnen nahe gelegt zu glauben, dies sei ein Subjekt, jenes ein Objekt im dritten oder vierten Fall. Das zu verstehen ist schwierig, weil es hoch abstrakt ist. Gerade Subjekt und Objekt unterscheiden sich ja nicht durch semantische Größen, die von den Kindern schon ohne weiteres erfasst werden können. Sofern das Subjekt vom Agens besetzt ist – also einem „Täter", der auf die Frage antwortet *Wer tut hier etwas?* – fällt die Antwort noch einigermaßen leicht:

Pitt (Wer oder was?) *boxt Patt auf die Nase.*

Doch das ist bei Sätzen, die die Kinder sehr häufig selbst verwenden, längst nicht immer so:
(a) *Beim Taubenhaus stand ein altes Motorrad.*
(b) *Vor zwei Jahren war ich mit meinen Eltern im Odenwald.*
(c) *Dann gab es einen Bums.*
(d) *Da kriegte ich es mit der Angst.*
(e) *Mir war nicht viel passiert.*
(f) *Unser Opa wurde beerdigt.*
(g) *Von meiner Schwester wurde ich ausgelacht.*
(h) *Es war einmal ein König, …*
Bei a) und b) ist es vor allem die Stellung im Satz, die das Erkennen des Subjekts erschwert; zudem sind die Subjekte hier keine Tätergrößen. Bei c) besteht das Subjekt nur aus dem Platzhalter *es*: Der *Bums* erscheint viel eher als Tätergröße als das kleine Wörtchen *es*. Bei c) ist es die *Angst*, die etwas mit einem macht. Bei Sätzen mit *kriegen* ist das Subjekt meist das Af-

fizierte und nicht das Agens. Bei e) ist das Subjekt *viel* mit *wer oder was* kaum mehr zu identifizieren; das *mir* wird von den meisten Kindern als Subjekt angestrichen. Bei Passivsätzen wie f) und g) ist das Subjekt gerade kein Täter, sondern, wie im Aktivsatz das Akkusativobjekt, das vom Tun Betroffene. Hier fallen also Grammatik und Semantik ganz auseinander. Und bei h) gibt es eigentlich gleich zwei Subjekte: Einen Platzhalter vor dem Verb und ein echtes Subjekt nach dem Verb. Kompliziert, kompliziert! Nur in Sätzen, die von der Lehrerin oder vom Sprachbuch gut konstruiert sind, ist es meist einfacher, das Subjekt zu identifizieren.

Und noch ein Problem: Wir nehmen ja gutgläubig an, wer nur die Frage richtig stelle, der komme damit zu der richtigen Anwort. Der Prozess des Denkens dürfte aber andersherum laufen: Wer das Subjekt schon kennt, kann auch die Frage richtig stellen. Jedenfalls habe ich Kinder schon sagen hören: „Wer oder was war im Odenwald? – Ich mit meinen Eltern." Oder, wie im Satz g: „Wer lachte mich aus? – Meine Schwester." Es gehört viel Vorwissen über ein mögliches Subjekt des Satzes dazu, die Fragen auch formal richtig (und vollständig) stellen zu können – und nicht semantisch. Und auch dann bleibt es noch schwierig. Wer kann schon ohne weiteres eine *Wer-Frage* an sich selber stellen: „Wer oder was wurde von meiner Schwester ausgelacht? – Ich." Nein, die Kategorisierung der Satzglieder ausgerechnet mit dem abstrakten Subjekt zu beginnen ist sicher keine angemessene Didaktisierung!

Dass es mit den Objekten womöglich noch schwieriger bestellt ist, will ich hier nicht belegen. Mir geht es darum, die Bezeichnung der Satzglieder mit Größen zu beginnen, die auch für die Kinder schon mit Bedeutung gefüllt sind, nämlich mit den Adverbialen. Das erscheint ganz ungewöhnlich, da doch die adverbiale Bestimmung dasjenige Satzglied ist, das man immer erst als letztes ermittelt und als solches zu bezeichnen lernt. Warum das so ist? Vielleicht weil das Adverbial nicht zu den obligatorischen Satzgliedern gehört; man kann es zumeist ja weglassen. Aber es ist nicht so selten, wie man vielleicht annimmt.

In dem Text eines Kindes kommen Adverbiale verschiedenster Art vor:

> *Wir fuhren <u>eines Abends</u> <u>mit den Rollschuhen</u> <u>auf der Straße</u>. <u>Nun</u> hörte ich die Glocke sechs Uhr läuten. Ich kam <u>an die Straße</u> und sah <u>in der Ferne</u> ein Auto kommen. Ich lief <u>bis zur Hälfte der Straße</u> rüber und <u>wieder zurück</u>. <u>Erst</u> wurde ich <u>ganz nervös</u>. <u>Dann</u> lief ich aber los. Aber <u>jetzt</u> hatte es gebumst. Ich lag <u>mit dem Kopf auf der Kühlerhaube</u>. Die Rollschuhe machten <u>in diesem Augenblick</u> einen lauten Plötsch. <u>Heute</u> erinnert mich eine Narbe an diesen Unfall.*

Angaben über das *Wann*, *Wo* und *Wohin*, das *Womit*, *Wie* und *Warum* kommen in Schülertexten nahezu in jedem einzelnen Satz vor. Sie verstecken sich auch nicht so leicht wie das Subjekt. Oft sind sie durch ihre

> **Material**
>
> **Rollschuh laufen**
>
> Ich fuhr <u>eines Abends</u> mit den Rollschuhen auf der Straße. Ich hörte <u>plötzlich</u> die Glocke sechs Uhr läuten. Ich kam <u>nach einiger Zeit</u> an die Straßenecke und sah in der Ferne ein Auto kommen. Ich wollte <u>bis zur Hälfte der Straße</u> rüberlaufen. Ich wurde <u>dabei</u> aber ganz nervös. Ich lief <u>dann</u> doch los. Aber <u>jetzt</u> hatte es gebumst. Ich lag <u>mit dem Kopf</u> auf der Kühlerhaube. Die Rollschuhe machten <u>in diesem Augenblick</u> einen lauten Plötsch. Ich erinnere mich <u>heute</u> durch meine Narbe noch immer an diesen Unfall.
>
> *Verschiebe die unterstrichenen Satzglieder an den Anfang der Sätze.*

Länge auch auffälliger. Vor allem kann man die meisten von ihnen mit semantisch schon verfügbaren Fragen ermitteln – und sogar besser unterscheiden als Subjekte und Objekte.

Adverbiale sind zudem die im Satz am freiesten umstellbaren Satzglieder. Wenn man schon durch Umstellproben gelernt hat, dass ein Satzglied an verschiedene Stellen des Satzes verschoben werden kann, so hat man das am Adverbial am ehesten nachvollzogen. Die Kinder erproben ja auch immer wieder, Texte zu überarbeiten, deren Sätze stereotyp mit *Ich* beginnen, indem sie Adverbiale an die erste Stelle des Satzes setzen. Auf diese Weise wird Satzgliedlehre mit Stilistik verbunden. Erproben wir es einmal an diesem etwas umkonstruierten Text (s. Material oben).

An Einzelsätzen eines solchen Textes können wir zu ersten Kategorisierungen der Satzglieder gelangen – und dabei zum ersten Mal lernen, dass Satzglieder einen Namen haben:
Ich fuhr eines Abends mit den Rollschuhen auf der Straße.
Was lässt sich an diesem Satz überhaupt alles verschieben? Wie viele Satzglieder enthält er also? An der ersten Stelle des Satzes kann zum Beispiel stehen: *Ich, Eines Abends, Mit den Rollschuhen, Auf der Straße* und im Fragesatz sogar *Fuhr*. Fünf Satzglieder also! Und nun wollen wir auch einmal feststellen, welche Fragen wir an einige der Satzglieder stellen können, die am Satzanfang stehen! Und dabei beginnen wir nicht mit dem Schwierigsten (Subjekt oder Prädikat), sondern mit dem Einfacheren:

*Eines Abends – **wann**?*
*Mit den Rollschuhen – **womit**? **wie**?*
*Auf der Straße – **wo**?*
Und nun machen wir mit diesen Satzgliedern einige Ersatzproben: Wie können wir diese Wann-, Wie-, Wo-Fragen noch beantworten?
Wann: *Eines Abends / Gestern / Am Sonntag … fuhr ich …*
Wie: *Mit den Rollschuhen / Mit dem Fahrrad / Schnell / … fuhr ich …*
Wo: *Auf der Straße / Auf dem Fußweg / Am Straßenrand … fuhr ich …*
Am Ende benennen wir solche Satzglieder, die mit Wann-, Wie- und Wo-Fragen ermittelt werden können, als „Umstandsbestimmungen" oder „adverbiale Bestimmungen". Sie heißen nun einmal so! Wem dies aber zu abstrakt erscheint, der kann ja auch einfach sagen: Es gibt Satzglieder, die heißen „Wann-, Wie- und Wo-Bestimmungen". Und wir schauen uns den kleinen Text einmal genauer an, ob es davon noch mehr gibt.

Manche sind rasch zu finden (und können unterstrichen werden): *plötzlich, nach einiger Zeit, heute.* Bei manchen müssen wir die Fragen etwas erweitern: **wohin:** *bis zur Hälfte der Straße,* **womit:** *mit dem Kopf.* In allen Fällen sind dies aber Fragen, die Kinder schon stellen können – und für die sich die Antworten (sprich: Kategorien) schon finden lassen: ein besser zu leistender Kategosierungsprozess als er gleich zu Beginn mit dem Subjekt möglich ist. Danach mag man sich dann dem Schwierigeren zuwenden, wie es die Schulgrammatik in den Sprachbüchern tut.

Werkstattarbeit in der Sekundarstufe I

Attribuierung von Nomen

Dass gedankliche und emotionale „Dinge" wie *Wut, Wissen, Glück, Langeweile, Angst, Zufall* usw. zu den Nomen zählen – und also großgeschrieben werden, gehört deswegen zu den besonderen Problemen der Rechtschreibung, weil diese Wörter einerseits in Texten zumeist artikellos vorkommen: *ich habe Wut, vor Glück, aus Zufall, vor Langeweile* – und andererseits in unserer Vorstellung als Vorgänge und nicht als Dinge oder Sachverhalte erscheinen. Sie besitzen eher eine gedanklich verbale denn nominale Komponente. Das führt sicher zu den vielen Rechtschreibfehlern auf diesem Gebiet.

Dass solche Wörter Nomen sind, kann durch Attribuierungsexperimente sehr gut deutlich gemacht werden. Was in Texten, die wir lesen, oftmals in der Form wie in den Beispielen vorkommt, wird von den Schülern probeweise erweitert. Dabei sollen Artikel oder andere Begleiter (z. B. Possessivpronomen) und Adjektive vor die Nomen gesetzt werden. Solche Musterbildungsprozesse können die nominale Struktur im Gedächtnis sicher besser verankern als bloße Regelkenntnisse (siehe die Beispiele und Erweiterungen im Kasten auf der nächsten Seite).

Und so könnte ein solcher Text aussehen:

Ich hatte <u>eine</u> *große* Angst davor wieder in <u>meine</u> *verdammte* Wut zu geraten.

Ich hatte <u>das</u> *große* Glück, dass ich den Satz in <u>einem</u> *astreinen* Englisch sagen konnte.

Es war <u>ein</u> *purer* Zufall, dass mir nicht <u>die</u> *alleinige* Schuld gegeben wurde.

Bei <u>dem</u> *ersten* Lesen <u>des</u> *dicken* Buches überkam mich eine *schreckliche* Langeweile.

An der Tafel sollte an einigen Beispielen die Struktur solcher nominaler Kombinationen deutlich gemacht werden, womöglich durch Erweiterung mit mehreren Adjektiven (siehe Skizze unten S. 52):

Material

Beispiele:

Ich hatte Angst davor wieder in Wut zu geraten.
Ich hatte Glück, dass ich den Satz in Englisch sagen konnte.
Es war Zufall, dass mir nicht Schuld gegeben wurde.
Beim Lesen des Buches überkam mich Langeweile.

Erweiterungen:

Ich hatte _____ Angst davor wieder in _____ Wut zu geraten.

Ich hatte _____ Glück, dass ich den Satz in _____ Englisch sagen konnte.

Es war _____ Zufall, dass mir nicht die _____ Schuld gegeben wurde.

Beim _____ Lesen des Buches überkam mich _____ Langeweile.

1. Setze Adjektive vor die Nomen wie:
   alleinig, astrein, ersten, furchtbar, groß, gut, pur, rein, schrecklich, …
2. Du kannst auch vor die Adjektive noch Artikel oder andere Begleiter setzen: eine große Angst, …

eine	*große*	Angst

meine	*verdammte, schreckliche, blöde*	Wut

Danach kann man kleine Texte produzieren, in denen Nomen auf spielerische Weise attribuiert werden. Der Schriftsteller Arno Holz hat uns das zu Beginn unseres Jahrhunderts vorgemacht, zu welchen Experimenten man gelangen kann. In einer ersten Fassung des Gedichts *In den Grunewald* hieß es 1899 am Schluss:
Zwischen weggeworfnem Stullenpapier und Eierschalen suchen sie die blaue Blume!
In der erweiterten Phantasus-Fassung formulierte er es im *Berliner Himmelfahrtstag* exzessiv so aus:

Berliner Himmelfahrtstag

Zwischen
entleerten, ausverzehrten,
zackenrandrissigen, zackenranddeckeligen, zackenrandsplissigen
Konservervenbüchsen,
zerknülltem, zerknüttertem, zerknautschtem
Stullenpapier
und kaputten, abgepellten,
weggeworfenen, weggestreuten,
ausgetutschten,
ausgenutschten, ausgelutschten
Eierschalen
suchen sie … die blaue
Blume!

Arno Holz

Aus: Arno Holz: Werke. Hrsg. v. W. Emrich und Anita Holz. Luchterhand Verlag: Neuwied.

Syntax und Poetik, Erkenntnis der Sprachnorm und Durchführung von Sprachexperimenten, Grammatik- und handlungsorientierter Literaturunterricht miteinander verbunden – in einem werkstattorientierten Sprachunterricht sollte dies eine Selbstverständlichkeit sein!

Material

> **Ein unfertiges Gedicht**
>
> Zwischen
> _____
>
> _____
>
> Konservenbüchsen,
> _____
>
> Stullenpapier
> und _____
>
> _____
>
> _____
>
> Eierschalen
> suchen sie … die blaue
> Blume!
>
> 1. Setze Adjektive in dieses Gedicht ein, die dir dazu einfallen – und die zu den Nomen passen. Erprobe dabei auch einmal deinen Worterfindungsreichtum. Natürlich denkst du daran, dass alle diese Adjektive klein geschrieben werden!
> 2. Vergleiche dann deine Fassung mit denen der anderen und dem Originaltext.

Experimente mit den Wortarten

Immer wieder ist versucht worden, den Bestand der Wörter in Kategorien einzuteilen, die man „Wortarten" nennt. Das hat, je nach Einteilungskriterien, zu recht unterschiedlichen Systemen von vier bis zehn Wortarten geführt. Tatsache ist, dass die Wortarten ein „Konstrukt" darstellen, das von Menschen gemacht ist. Die Frage: „Warum zählen denn die einen *futsch* zu den Adjektiven, die anderen aber zu den Adverbien; was ist denn nun eigentlich richtig?", zeigt jedoch, dass manche selbst in Problemfällen gern eine klare Entscheidung hätten. Meine Antwort kann nur lauten: „Ob Adjektiv oder Adverb, das kommt auf die Einteilungskriterien an!"

Ohne Zweifel gibt es Wörter, die auf Dinge, Eigenschaften, Geschehnisse, Verhältnisse verweisen, also *Dingwörter, Eigenschaftswörter, Tätigkeitswörter, Verhältniswörter* usw. Die Menschen haben sie dafür geschaffen. Was wir aber heute „Wortarten" nennen, sind nach formalen, vor allem nach syntaktischen Gesichtspunkten zusammengestellte Gruppen von Wörtern – und nicht mehr nur, wie die alten Griechen es taten, nach semantischen Gesichtspunkten. Die Sprache hat sich entwickelt. Wir können Wörter der einen Wortart in die andere überführen. Immer neue Wörter entstehen, die nach den Bedingungen der einen oder anderen Wortart gebildet sind und verwendet werden. Wir verwenden *dank* (*seiner Hilfe*) als Präposition, können *klasse* (*das Auto ist klasse, das klasse Auto*) als Adjektiv gebrauchen, können *kaputt* (*das kaputte Auto*) im Gegensatz zu *klasse* bereits flektieren, finden in der Werbung die *unkaputtbare Flasche*, haben das ehrwürdige Wort *Weile*, das Zeitliches zum Ausdruck brachte, in eine kausale Konjunktion (*weil*) überführt usf. Mit semantischen Argumenten können wir auch Kindern gegenüber die Wortarten nur schwer erklären. „Wieso ist *Ferien* nicht ein Zeitwort? Wieso *Wut* ein Nomen?" Wir müssen den Schülern die formalen Bedingungen erklären, nach denen das so ist oder nicht.

Was ich anstrebe, ist, dass Schülerinnen und Schüler an linguistischen Experimenten und am Prozess der Kriterienbildung teilhaben; dass sie also nicht die hohlen begrifflichen Antworten der traditionellen Schulgrammatik vorgesetzt bekommen und dann mit Worthülsen um sich werfen, sondern intelligente Fragen an die Sprache stellen und kategoriales Denken lernen.

Außerdem: Wir benutzen Wortartenbegriffe im Unterricht ständig. Sie gehören zum begrifflichen Handwerkszeug, das wir wie selbstverständlich verwenden, wenn wir über Sprache sprechen. Wir fassen damit zusammen: „Anschauliche Adjektive verwenden! – Die Verben abwechseln! – Das ist die falsche Konjunktion!", usw. Wäre es nicht gut zu wissen, was das eigentlich ist, was wir ständig im Munde führen? Gut, es gibt so etwas wie einen common sense auch über die Wortarten. Aber der ist gerade stark davon mitbestimmt, dass es das, wovon wir reden, so und nicht anders in der Natur der Sprache überhaupt gibt. Wir reden über die Wortarten wie über gegebene – und nicht wie über gesetzte Sachverhalte. Und da möchte ich doch, dass jeder, der in der Schule etwas über die Wortarten gelernt hat, etwas genauer weiß, was Sache ist, und ein bisschen kompetenter mitreden kann. Zumindest möchte ich erreichen, dass er auf die Frage: „Zu welcher Wortart gehört denn nun *futsch*?", antworten kann: „Das kommt darauf an." Nichts von dem „it depends on!" bei der Erarbeitung von Wortarten mitzudenken halte ich für pädagogisch unverantwortlich, abgesehen davon, dass es sprachwissenschaftlich prinzipiell falsch ist.

Adjektive

Adjektive werden in der Schulgrammatik auch „Eigenschaftswörter" oder „Wiewörter" genannt. Tatsächlich bezeichnen sie vor allem Eigenschaften von Lebewesen (*der bissige Hund*), Dingen (*das große Haus*), Sachverhalten (*ein herrlicher Sommer*), Vorgängen (*es donnert laut*) und Eigenschaften von anderen Eigenschaften (*das rot geblümte Kleid*). Mit der Wie-Frage lernt man Adjektive auch erfragen: *Wie geht es dir? – Gut!*, aber man bekommt auch andere Antworten darauf: *Wie liebt sie ihn? – Sehr!*, oder: *Wie geht es dir? – Einigermaßen*, oder gar: *Wie hast du das nur geschafft? – Mit viel Training*. Als Antwort erhält man hier auch Wörter aus der Kategorie der Adverbien oder ganze adverbiale Bestimmungen. Prinzipiell erfragt man mit der Wie-Frage ein Adverbial der Art und Weise, also ein Satzglied und keine Wortart. Wörter einer Wortart kann man nicht erfragen, sondern nur Satzglieder.

Wenn auch „Eigenschaft", „Qualität" oder „Intensität" ohne Zweifel bestimmende Merkmale der Adjektive sind, so gibt es doch Adjektive, die anderes als Eigenschaften kennzeichnen. *Gestrig* ist nicht die Eigenschaft der *gestrigen Zeitung*, und *obig* nicht die der *obigen Stockwerke*. Adjektive können nämlich auch die zeitliche und räumliche Dimension von Dingen und Vorgängen ausdrücken. Und hier stehen sie in Konkurrenz zu Adverbien, von denen viele von ihnen ja auch herstammen.

In manchen Grammatiken geraten Adjektive je nach Stellung im Satz denn auch unversehens zu Adverbien. Hier sei, so sagt man dann, *gut* ein Adjektiv: *Ein guter Leser*, hier hingegen ein Adverb: *Er liest gut*. Ein Durcheinander von Kategorien! Denn im ersten Falle gehört *gut* zur syntaktischen Kategorie der Attribute, im zweiten Fall zu der der Adverbiale. Das hat mit Wortart-Definition wenig zu tun. Es gebe, so schreibt selbst der Duden, Adjektive, die in ihrer Stellung im Satz eingeschränkt sind, und so sei z. B. *futsch* ein Adjektiv, das nur in prädikativer Stellung vorkomme.

Was aber ist dann überhaupt ein Adjektiv? „It depends on!", und das heißt nichts anderes als: Es kommt auf die Kriterien der Wortarteneinteilung an. Und genau an einer solchen Kriterienbildung wollen wir die Schüler teilhaben lassen. Als oberstes Kriterium lassen wir dabei gelten die Veränderung am Wortkörper, also die Flexion – und zählen Adjektive zu den flektierbaren Wörtern, die in Singular – Plural und in den Fällen veränderbar sind: *die grün-e Wiese, die grün-en Wiesen, ein grün-er Baum*. Flektiert werden diese Wörter aber immer nur, wenn sie vor einem Nomen stehen, und zwar ohne Artikel anders als mit dem bestimmten Artikel – und noch einmal anders mit einem unbestimmten Artikel oder einem anderen Begleiter. Das ist ihr wichtigstes Kriterium für die Wortarteneinteilung: *schön-er Garten, der schön-e Garten, ein schön-er Garten, groß-e Gärten, die groß-en Gärten*.

Dass dies mit einer Reihe von Adjektiven, die wir aus anderen Sprachen übernommen oder neu gebildet haben, nicht möglich ist, soll uns dabei nicht stören: *das lila- Auto, der klasse- Wagen*. Wir wollen sie trotzdem zu den Adjektiven zählen. Wir erkennen ja auch an der Umgangssprache, dass sie zur Flexion befähigt werden können, wenn man sich bemüht, etwas „falsch" zu sprechen: *das lila-ne Auto, ein klasse-r Wagen*. Das tun wir bei Wörtern, die keine Adjektive sind, niemals: *seine manchmalen oder *often Unfreundlichkeiten* – im Gegensatz zu seine *gelegentlichen Unfreundlichkeiten*.

Man kann, wie Peter Eisenberg es tut, einen „Prototyp" von Adjektiv herausstellen, „das Adjektiv also, das im Zentrum der Kategorie steht und als typisch gelten kann" (Eisenberg, Menzel 1995, S. 22). Solche Adjektive wären somit Wörter, die sozusagen „alles können", was ein prototypisches Adjektiv kann, im Gegensatz zu solchen, die nicht zum Kern, sondern zur Peripherie dieser Kategorie gehören und „nicht alles können" (wie *lila*, das keine Flexionsendung annimmt, oder *vermeintlich*, das nur in attributiver Stellung vorkommt, oder Partizipien wie *geöffnet*, die nicht gesteigert werden können).

„Das prototypische Adjektiv hat eine Kurzform (klug, unflektiert, prädikativer und adverbialer Gebrauch), es ist flektierbar (kluges, kluger, kluge usw. attributiver Gebrauch), und es bildet die Steigerungsformen wiederum für den prädikativen und adverbialen (klüger, am klügsten) sowie den attributiven Gebrauch (klügerer, klügerem, ...; klügster, klügstem)." (Ebda., S. 12)

Am Anfang unserer Experimente steht die Frage: Was kann man mit Wörtern, von denen wir in der Grundschule schon gelernt haben, dass es Adjektive (Wiewörter) seien, alles tun? Wir sammeln solche Wörter und bilden mit ihnen Sätze. Die Muster dafür sind:

a) attributive Stellung: *Der **schnelle** Wagen gefällt mir.*
b) prädikative Stellung: *Der Wagen **ist** **neu**.*
c) adverbiale Stellung: *Der Wagen **fährt** **schnell**.*
d) die Steigerung: *Mein Wagen fährt **schneller** als deiner.*

Eventuell kommt noch folgende Stellung vor:
e) adjektivische Stellung: *Der Wagen ist **rot** **gelackt**.*

Aus solchen Sätzen bilden wir abstrakt-witzige Muster, die für möglichst viele Fälle herhalten können:
a) Die _____ Schrabbis auf dem Tisch liegen alle durcheinander.
b) Die Schrabbis sind _____.
c) Die Schrabbis schnackern _____.
d) Die Schrabbis sind _____ als die Schrubbis.

Versuchen wir alle möglichen zusammengetragenen Wörter in diese Lücken einzusetzen:

<u>schön</u>, hier, jetzt, dann, <u>neu</u>, <u>verrückt</u>, <u>geil</u>, <u>echt</u>, <u>witzig</u>, meine, <u>klasse</u>, oft, heutig, <u>lecker</u>, <u>kaputt</u>, sehr, ausgespuckt, angemalt, <u>nett</u>, <u>gefräßig</u>, rechte, entzwei, mittlere, sieben, gern, ...

(Was die Kinder nicht nennen, möge die Lehrerin oder der Lehrer hinzufügen!)

Nur was in alle vier Zeilen hineinpasst, wollen wir zunächst als „echte" Adjektive bezeichnen (also hier: die unterstrichenen Wörter). Und die anderen? Nun, es gibt Wörter, die in gar keine Lücke passen (*jetzt, dann*); das sind auf keinen Fall Adjektive. Dann gibt es Wörter, die nur in (b) hineinpassen (*meine, hier, entzwei*): Diese nennen wir auch nicht Adjektive; und Wörter, die nur in (c) hineinpassen (*oft, sehr, gern*) auch nicht! Und was ist mit Wörtern, die nur in (a) oder nur in (a) und (b) passen: *heutig, rechte, angemalt, mittlere, ausgespuckt, sieben*? Und die Wörter, die zwar in (a, b, c) passen, aber nicht in (d): *klasse, ausgespuckt*? Das sind solche, die die wichtigste Bedingung eines Adjektivs erfüllen, – aber eben nicht alle Bedingungen!

Nun könnte einer fragen: Warum nennen wir nicht einfach das Wort ein Adjektiv, was in eine der Lücken hineinpasst oder in zwei? Das wäre doch am einfachsten! Nein, das wäre es nicht; denn wir müssen „definieren", d. h. eingrenzen. In (b) würden ja auch viele Nomen hineinpassen (*die Schrabbis sind Kekse, Bauklötze*), selbst Verben würden im Partizip Perfekt passen (*die Schrabbis sind abgedreht, umgekommen, ...*). Und in (c) passen auch ganz andere Wörter hinein (*so, weg, immer, ...* oder gar: *Menschen*, wenn Schrabbis Menschenfresser wären). Hingegen gilt das für (a) nicht.

Nun beobachten wir, ob mit den Wörtern irgendetwas passiert, wenn wir sie einsetzen: die *schön-en / neu-en / witzig-en Schrabbis*: Sie erhalten eine Endung. Das heißt, man kann sie beugen oder flektieren. Das passiert mit allen, die in diese Lücke passen – bis auf Wörter wie *klasse, lila, sieben* o. Ä. Und es passiert auch mit den Wörtern *heutig, rechte, mittlere* usw.

Wir könnten jetzt sagen: Typische Adjektive sind Wörter, die sich beugen lassen, also in (a) passen. Es gibt aber einige, die zwar dort hineinpassen, aber sich nicht beugen lassen. Das ist eine besondere Sorte von Adjektiven! Die meisten Adjektive passen in in alle Sätze (wie a, b, c und d). Und das sind eben die typischen Adjektive. Was aber nicht in (a) hineinpasst, nennen wir auch nicht Adjektiv.

In Experiment 1 geht es allein darum, das Wörtchen *dort* von den übrigen Adjektiven abzugrenzen (vgl. Material auf S. 60).

Experiment 2 dagegen verlangt von den Schülern zu entscheiden, ob sie die Wörter *fit, tipptopp, klasse* wohl zu den Adjektiven zählen würden wie die anderen auch, d. h. ob jemand von ihnen sie attribuieren kann bzw. wem das widerstrebt. Vielleicht können einige von ihnen sie sogar in flektierter Form verwenden: *fitter, tipptopper, klasser Körper*. Die Kriterien „richtig" und „falsch" sollten dabei nicht zur Debatte stehen; viel wichtiger wäre es gegenüberzustellen, wie sicher oder unsicher jemand damit umgeht, wie selbstverständlich oder „schmerzhaft" ein solcher Wortgebrauch empfunden werden kann. Wir können dabei gut zeigen, dass es eben so etwas gibt wie Wörter, die auf dem Wege sind, Adjektive zu werden. Die einen gebrauchen sie bereits so, die anderen setzen sich (noch) dagegen zur Wehr.

Bei dem Experiment 3 wollen wir den deutlichen Unterschied zwischen Adjektiven und Adverbien kennen lernen. Obwohl einige Wörter sich in ihrer Bedeutung ähnlich sind (*manchmal – selten – zuweilen – gelegentlich – mitunter, oft – häufig – meistens – oftmals, immer – ständig – dauernd – fortwährend, ...*) und allesamt in (c) untergebracht werden können, unterscheiden sie sich doch deutlich in ihrem Gebrauch im Satz. Nur was auch in (a) einsetzbar ist, nennen wir Adjektiv.

Bei Experiment 4 geht es ebenfalls, nur etwas differenzierter, um die Unterscheidung von Adjektiv und Adverb. Die Wörter *kaputt – entzwei – beschädigt, futsch – weg – gestohlen, lila – violett – pink* verhalten sich trotz semantischer Ähnlichkeit unterschiedlich. Wir sagen: Was in alle drei Sätze passt und dort auch eine Flexionsendung erhält, das sind typische Adjektive (*kaputt, beschädigt*), was nur in (a) passt, ist auch ein Adjektiv, aber gehört nicht zu den typischen (*gestohlen, lila, violett*), was nur in (b) passt, ist kein Adjektiv (*entzwei, futsch, weg*). Und dann gibt es noch *pink*, das von den einen vielleicht schon in (a) eingesetzt werden kann, von den anderen nur in der Form *pinkfarben*. Das ist also ein Fall von „Adjektiv-Einwanderer"; man weiß noch nicht, ob er einmal die „deutsche Adjektiv-Staatsbürgerschaft" erhalten wird. (Ich denke: eher nicht!)

Experiment 5 macht ein weiteres Mal auf den Unterschied zwischen typischen und peripheren Adjektiven und Wörtern anderer Wortarten aufmerksam. In (a) passen ohne jeden Zweifel *gestrichen, weiß, geöffnet, niedrig, altertümlich, rechteckig*. Wenn es der umgangssprachliche Glücksfall will, erhält man vielleicht auch den Hinweis, dass *aufe Tür, zune Tür* ebenfalls vorkommen. Da das nur von wenigen akzeptiert wird, kann man sagen: Wenn sie so gebraucht werden, dann werden diese Wörter wie Adjektive verwendet; doch (leider?) hat sich das bisher in der Sprache nicht durchgesetzt – und wird sich wohl auch kaum durchsetzen, weil wir längst andere Wörter wie *offen, geschlossen* dafür haben. Wörter wie *weiß, offen, niedrig, altertümlich* passen auch in (b, d). Man kann sie getrost als typische Adjektive ansehen. Der Unterschied besteht aber darin, dass *weiß* ein einfaches Wort ist, die anderen hingegen zusammengesetzte oder abgeleitete Wörter sind. Mit der Steigerung (d) haben vielleicht einige Schüler Probleme: Kann man sagen *weißer* als *weiß, offener* als *offen, rechteckiger* als *rechteckig*? Wieder ein kleiner Streitfall, der uns weiterhelfen kann! Wir ziehen uns damit aus der Affäre, dass wir sagen: Sinn macht es wohl kaum, aber formal möglich ist es.

Material

Experiment 1

braun, schön, dick, dort, komisch, groß, mächtig, winzig

(a) Im Zoo sehen wir die _____ Blunschlis.

(b) Die Blunschlis sind _____.

Welche der Wörter passen in die Lücken? Probiere aus!

Experiment 2

durchtrainiert, fit, sportlich, tipptopp, stark, muskulös, klasse

(a) Sie machte Eindruck mit ihrem _____ Körper.

(b) Ihr Körper war _____.

(c) Ihr Körper war _____ als seiner.

Welche der Wörter lassen sich in die Lücken einsetzen?

Experiment 3

manchmal, selten, zuweilen, gelegentlich, mitunter, oft, häufig, meistens, oftmals, wiederholt, mehrmals, mehrmalig, immer, ständig, dauernd, fortwährend, andauernd, nie, niemals

(a) Das _____ Grinsen von ihm ging mir auf die Nerven.

(b) Er grinste mich _____ an.

Probiere der Reihe nach aus, in welche Lücke sich die Wörter einsetzen lassen!

Experiment 4

kaputt, entzwei, beschädigt, futsch, weg, gestohlen, lila, violett, pink

(a) Das _____ Auto wurde gefunden.

(b) Ihr Auto ist

_____.

(c) Mein Auto ist noch _____

als ihres.

Finde heraus, welches der Wörter in welchen Satz passt!

Experiment 5

gestrichen, auf, weiß, geöffnet, offen, zu, niedrig, altertümlich, rechteckig

(a) Er hat die _____ Tür

zugemacht.

(b) Die Tür ist

_____.

(c) Die Tür ist _____

als die Wand.

Welche Wörter passen in welchen Satz?

Auf diese Weise erfahren wir einmal etwas über eine Wortart, das uns deutlich werden lässt:
1. Man hat es bei der Bestimmung einer Wortart mit zweifelsfreien und typischen Fällen zu tun – und mit zweifelhaften und randständigen.
2. Man muss sich bei der Zuordnung hier und da entscheiden.
3. Man hat es mit historischen Veränderungen zu tun, da es Wörter gibt, die sich auf eine Wortart zubewegen, aber (noch?) nicht alles können.

4. Man hat es vor allem mit Form (Syntax) zu tun; die Bedeutung (Semantik) reicht für eine Zuordnung niemals aus.

Verben

Vorzüglich lässt sich über eine Wortart nachdenken, indem wir der Frage nachgehen: Was wäre, wenn wir Wörter dieser Wortart nicht hätten? Man erfährt dabei etwas über deren Grundbedeutung und viel über ihre Funktionen, die sie für die Textkonstitution hat. Was passiert mit einem Text, wenn er keine Verben hätte? Was: wenn wir sie aus einem Text eliminieren? Was: wenn wir denselben Text so umschreiben, dass keine Verben in ihm vorkommen? Schauen wir uns zunächst einmal ein Beispiel an, das einen möglichen unterrichtlichen Zugang zu solchen Fragen vorstellt. Methodisch ist dabei wichtig, dass die eine Hälfte der Schülergruppen, die dieses Experiment durchführen, sich zunächst mit dem Ausgangstext befasst, die andere Hälfte aber dies zunächst nicht tut. Sie erhält nur den Text mit den bereits getilgten Verben, und zwar mit der Aufgabe, einzusetzen, was hier fehlt.

Zählen wir einmal: Von den 86 Wörtern in diesem Text sind 16 Verben, 18,6 % also. Das entspricht etwa der Anzahl der Verben in Texten überhaupt, die W. Ortmann mit 19,3 % angibt (Ortmann 1979, S. XXXI).

Ist ein Text noch zu verstehen, wenn wir etwa ein Fünftel seiner Wörter tilgen? Und was wird an ihm noch zu verstehen sein, was nicht mehr? Probieren wir es aus:

Diejenigen Schüler, welche den Ausgangstext kennen, haben kaum Schwierigkeiten den verblosen Text zu verstehen. Wer den Ausgangstext nicht kennt, fügt aber auch Wörter ein, die in unserem Falle belegen, dass der Text verstanden worden ist: „Man kann sich ungefähr denken, was da stehen muss." Der Vergleich mit dem Ausgangstext belegt dies dann auch. Ganz und gar unverständlich wird ein Text, ein sachlicher Erzähltext jedenfalls, ohne Verben selten.

Schauen wir uns nun den verblosen Text einmal für sich an! Es ist eigentlich gar kein wirklicher Text. Könnte man daraus einen Text herstellen, der nicht mit Lücken versehen ist? Kann man also einen Text ohne Verben aus ihm produzieren? Probieren wir es einmal:

Das klingt wenigstens wie ein Text. Stichwortartig zwar, aber verständlich. Man kommt ganz gut ohne Verben aus. Manchmal aber muss man sie doch verwenden, – in Form von Nomen: Aus *blieb stehen* wird *Stehenbleiben*, aus *unterscheiden konnte* wird *Unterschied* usw. „Im richtigen Text wird erzählt, was einer gesehen hat. Ohne Verben wird nur aufgezählt, als ob man es gerade sieht." Erzählen gegen Aufzählen also! – Schreiben wir eigentlich manchmal etwas auf ohne Verben? Ja, auf Stichwortzetteln. Auch in Tabellen stehen meistens keine Verben.

Kapriolen

Gestern sah ich einen großen Hirtenhund an der Fußgängerampel vor unserer Schule stehen. Die Ampel zeigte soeben die grüne Farbe an, und die Schüler gingen alle zügig über die Straße. Auch der Hund ging mit. Plötzlich aber wurde die Ampel rot. Der Hund war aber erst mitten auf der Straße angekommen. Er schaute kurz auf, er blieb stehen und dann lief er in großen Sätzen wieder zurück. Ob er tatsächlich die rote und grüne Farbe unterscheiden konnte? Jedenfalls fand ich, dass das ein merkwürdiges Verhalten war.

Unterstreiche alle Verben im Text!

Am Ende versuchen die Schüler einmal Texte zu schreiben, die ohne Verben auskommen. Hier zwei Beispiele:

Auf der Geburtstagsfeier
Übergabe des Geschenks: ein Sahnelöffel. Dann viel Kuchen. Käsekuchen, Frankfurter Kranz, Obstkuchen und Windbeutel. Dann Spiele. Zum Schluss eine Tombola. Tolle Preise. Hauptpreis: eine CD. Viel Cola. Zum Abendbrot Ochsenschwanzsuppe. Autofahrt im Nebel nach Hause.

Im Kaufhaus
Leute auf der Rolltreppe. Spielzeugstände, Konservenstände und andere. Überall viele Leute. Tolle Klamotten. Turnschuhe für mich. Ziemlich teuer. Aber echt super.

Was den Schülern gefiel: „Man kann einfach das Wichtigste aufzählen." Was sie als Mangel empfanden: „Man kann nicht richtig erzählen. Alles klingt so abgehackt." Was sie bei diesem Experiment erkannt hatten: Verben braucht man vor allem, um richtige Sätze bilden zu können. Was jemand tut oder was genau passiert, kann man nur mit Verben wiedergeben. Aber manches, was Verben sagen, kann man oft auch in Nomen verpacken. Man nennt so etwas Substantivierung.

Material

Kapriolen

Gestern _____ ich einen großen Hirtenhund an der Fußgängerampel vor unserer Schule _____. Die Ampel _____ soeben die grüne Farbe an, und die Schüler _____ alle zügig über die Straße. Auch der Hund _____ mit. Plötzlich aber _____ die Ampel rot. Der Hund _____ aber erst mitten auf der Straße _____. Er _____ kurz auf, er _____ und dann _____ er in großen Sätzen wieder zurück. Ob er tatsächlich die rote und grüne Farbe _____ _____? Jedenfalls _____ ich, dass das ein merkwürdiges Verhalten _____.

a) Füge passende Verben ein!
b) Formuliere den Ausgangstext so um, dass er trotz fehlender Verben verständlich ist!

Nomen, Adjektive, Pronomen, Präpositionen

Ähnliche Experimente kann man auch mit anderen Wortarten durchführen. Immer erhält man dabei wichtige Einsichten in die Funktion einer Wortart:

Nomen gestrichen

Gestern sah ich einen großen xxxxxxx an der xxxxxx vor unserer xxxxxxx stehen. Die xxxxxx zeigt soeben die grüne xxxxxxx an, und die xxxxxxx gingen alle zügig über die xxxxxx. Auch der xxxx ging mit. Plötzlich aber wurde die xxxxx rot. Der xxxxxx war aber erst mitten auf der xxxxxx angekommen. Er schaute kurz auf, er

> **Text ohne Verben**
>
> Gestern ein großer Hirtenhund an der Fußgängerampel vor unserer Schule. Die Ampel soeben grün, und die Schüler alle zügig über die Straße auf die andere Seite hinüber. Auch der Hund dabei. Plötzlich aber die Ampel rot. Der Hund erst mitten auf der Straße. Ein kurzes **Aufschauen, Stehenbleiben** und dann ein **Zurücklaufen** in großen Sätzen. Ob er tatsächlich den **Unterschied** von rot und grün? Jedenfalls ein merkwürdiges **Verhalten**!

Material

blieb stehen und dann lief er in großen xxxxxx wieder zurück. Ob er tatsächlich die rote und grüne xxxxxx unterscheiden konnte? Jedenfalls fand ich, dass das ein merkwürdiges xxxxxx war!

Text ohne Nomen
*Gestern sah ich **ihn dort** stehen, ziemlich groß. Sie zeigte grün, und **alle** gingen zügig hinüber. Auch **er** ging mit. Plötzlich aber wurde sie rot. **Er** war aber erst **mittendrauf**. Er schaute kurz auf, er blieb stehen und dann lief er **springend** wieder zurück. Ob er tatsächlich rot und grün unterscheiden konnte? Jedenfalls fand ich, dass das merkwürdig war!*

Ohne Nomen ist ein Text nicht zu verstehen. Nomen sind für das Verständnis eines Textes also so wichtig, dass man auf sie niemals verzichten könnte. Setzt man Pronomen für Nomen ein, kann zwar ein richtiger Text entstehen, der tatsächlich auf andere (vollkommenere) Weise ein Text ist als einer ohne Verben, doch seine Bedeutung bleibt unpräzise und allgemein. Nur wenn man die Situation kennt (oder die Textüberschrift), kann man ungefähr erraten, worum es geht.

Adjektive gestrichen
Gestern sah ich einen xxxxxx Hirtenhund an der Fußgängerampel vor unserer Schule stehen. Die Ampel zeigte soeben die xxxxxx Farbe an, und die Schüler gingen alle xxxxxx über die Straße. Auch der Hund ging mit. xxxxxx aber wurde die Ampel xxxxxx. Der Hund war aber erst mitten auf der Straße angekommen. Er schaute xxxxxx auf, er blieb stehen und dann lief er in xxxxxx Sätzen wieder zurück. Ob er tatsächlich die xxxxx und xxxxxx Farbe unterscheiden konnte? Jedenfalls fand ich, dass das ein xxxxxxx Verhalten war!

Text ohne Adjektive
*Gestern sah ich einen **Riesenhirtenhund** an der Fußgängerampel vor unserer Schule stehen. Die Ampel zeigte soeben **auf Grün**, und die Schüler gingen **in einem Zug** alle über die Straße auf die Seite. Auch der Hund ging mit. **Auf einmal** aber schaltete die Ampel **auf Rot**. Der Hund war aber erst mitten auf der Straße angekommen. Er schaute nur noch einmal auf, er blieb stehen und dann lief er in **Sprüngen** wieder zurück. Ob er tatsächlich die **Farben** unterscheiden konnte? Jedenfalls fand ich, dass das ein Verhalten von **Merkwürdigkeit** war!*

Beim Tilgen von Adjektiven können die Schüler sehr gut feststellen, dass es semantisch betrachtet solche gibt, die einen Sachverhalt lediglich präzisieren oder bewerten (*<u>riesiger</u> Hirtenhund*) und die durchaus verzichtbar wären, manchmal sogar tatsächlich überflüssig sind; und andere, die ihn erst konstituieren (*das war ein <u>merkwürdiges</u> Verhalten*), d. h. die die Bedeutung des Sachverhalts erst herstellen. Die Schülerinnen können bei solchen Experimenten gut unterscheiden lernen zwischen nur ausschmückenden, präzisierenden und notwendigen Adjektivattributen.

Pronomen gestrichen
Gestern sah xxxxx einen großen Hirtenhund an der Fußgängerampel vor xxxxxx Schule stehen. Die Ampel zeigte soeben die grüne Farbe an, und die Schüler gingen zügig über die Straße. Auch der Hund ging mit. Plötzlich aber wurde die Ampel rot. Der Hund war aber erst mitten auf der Straße angekommen. xxx schaute kurz auf, xxxxx blieb stehen und dann lief xxxxxx in großen Sätzen wieder zurück. Ob xxxxxx tatsächlich die rote und grüne Farbe unterscheiden konnte? Jedenfalls fand xxxxx, dass das ein merkwürdiges Verhalten war!

Text ohne Pronomen
*Gestern einen großen Hirtenhund an der Fußgängerampel vor unserer Schule stehen gesehen. Die Ampel zeigte soeben die grüne Farbe an, und die Schüler gingen zügig über die Straße. Auch **der Hund** ging mit. Plötzlich aber wurde die Ampel rot. **Der Hund** war aber erst mitten auf der Straße angekommen. **Der Hund** schaute kurz auf, **der Hund** blieb stehen und dann lief **der Hund** in großen Sätzen wieder zurück. Ob **der Hund** tatsächlich die rote und grüne Farbe unterscheiden konnte? Jedenfalls war das ein merkwürdiges Verhalten!*

Präpositionen

Präpositionen gestrichen
Gestern sah ich einen großen Hirtenhund xxxx der Fußgängerampel xxxxx unserer Schule stehen. Die Ampel zeigte soeben die grüne Farbe an, und die Schüler gingen alle zügig xxxx die Straße. Auch der Hund ging xxxx. Plötzlich aber wurde die Ampel rot. Der Hund war aber erst mitten xxxxx der Straße angekommen. Er schau-

te kurz auf, er blieb stehen und dann lief er xxxx großen Sätzen wieder zurück. Ob er tatsächlich die rote und grüne Farbe unterscheiden konnte? Jedenfalls fand ich, dass das ein merkwürdiges Verhalten war!

Text ohne Präpositionen
*Gestern sah ich sah einen großen Hirtenhund stehen – Fußgängerampel – Nähe unserer Schule. Die Ampel zeigte soeben die grüne Farbe an, und die Schüler **überquerten** alle zügig die Straße – andere Seite rüber. Auch der Hund. Plötzlich aber wurde die Ampel rot. Der Hund war aber **noch nicht angekommen** – erst Straßenmitte. Er schaute kurz, er blieb stehen und dann lief er, große Sprünge, wieder zurück. Ob er tatsächlich die rote und grüne Farbe unterscheiden konnte? Jedenfalls fand ich, dass das ein merkwürdiges Verhalten war!*

Zeitformen

Die folgende kleine Werkstattarbeit über die Zeitformen dient dazu, etwas bewusst zu machen, was die Schülerinnen und Schüler vom 5. Schuljahr an bereits kennen: Wenn wir etwas erzählen, was in der Vergangenheit spielt, gebrauchen wir in der Regel eine der beiden Vergangenheitsformen, die einfache (Präteritum) und die zusammengesetzte (Perfekt). Wenn wir etwas schildern, was sich vor unseren Augen abspielt, dann verwenden wir fast ausschließlich die Gegenwartsform (Präsens). Was tun wir aber, wenn wir uns in die Zukunft hineinversetzen? Das ist vielleicht nicht so klar, da wir selten solche Texte schreiben. Unser Experiment will das erfahrbar machen. Bezeichnen ließe es sich als ein auf Erkenntnisgewinn angelegtes „Erfahrungs-Experiment mit den Zeitformen".

Das folgende Textgemisch besteht aus dreimal sechs Sätzen in temporalen Satzvariationen. Eine Situation wird von verschiedenen Standpunkten aus erzählt:
– Ein Erfinder aus unserer Zeit blickt in die Zukunft;
– Eine Mutter erzählt im Jahre 2130, wie es zu ihrer Schulzeit zuging;
– Ein Reporter aus dem Jahre 2100 schildert, was er gerade sieht (vgl. Material auf S. 68 f.).

Die Aufgabe für die Schüler besteht darin, die drei Texte (in Gruppen) aus den vorgegebenen Sätzen zusammenzufügen. Hilfen erhalten sie dabei durch einige Merkmale, die jeweils für die einzelne Situation spezifisch sind. Einige Sätze unterscheiden sich aber ausschließlich in den Tempora, so dass man sie nur nach dem Gesichtspunkt des Zeitformgebrauchs einordnen kann.

Düsentornister

1 Vielleicht wird es gar nicht mehr lange dauern, da werden die ersten Schülerinnen und Schüler mit einem Düsentornister in die Schule fliegen.

2 Das war ungefähr vor 20 Jahren, als die ersten Schülerinnen und Schüler mit einem Düsentornister in die Schule geflogen kamen. Gott, sah das damals komisch aus!

3 Jetzt ist es soweit! Die ersten Schülerinnen und Schüler kommen mit einem Düsentornister in der Schule an. Gott, ist das aufregend!

4 Man wird dieses Gerät wie einen Schulranzen auf dem Rücken tragen. Die Schulsachen passen natürlich auch noch hinein.

5 Sie tragen das irre Gerät wie einen Schulranzen auf dem Rücken. Und die Schulsachen passen natürlich auch noch rein.

6 Wir trugen dieses irre Gerät wie einen Schulranzen auf dem Rücken. Die Schulsachen passten natürlich auch noch rein.

7 Die Schüler flogen hoch über der Straße heran, gingen in einer Einflugschneise in den Sinkflug und sind auf dem Schulhof gelandet.

8 Die Schüler werden dann hoch über der Straße heranfliegen, in einer Einflugschneise in den Sinkflug gehen und auf dem Schulhof landen.

9 Da fliegen sie hoch über der Straße heran, sie gehen in einer Einflugschneise in den Sinkflug und landen auf dem Schulhof.

10 Die kleinen Piloten lenken das Fluggerät mit den Steuerdüsen, die sich rechts und links am Tornister befinden. Die Flughöhe regulieren sie mit einer Aufschubdüse.

11 Die kleinen Piloten werden das Fluggerät mit den Steuerdüsen lenken, die sich rechts und links am Tornister befinden. Die Flughöhe werden sie mit einer Aufschubdüse regulieren.

12 Die kleinen Piloten lenkten das Fluggerät mit den Steuerdüsen, die sich rechts und links am Tornister befanden. Die Flughöhe regulierten wir mit einer Aufschubdüse.

13 Das alles wird wahrscheinlich zunächst ziemlich aufregend sein. Aber bald wird sich alle Welt daran gewöhnen.

14 Das alles war zuerst furchtbar aufregend. Aber bald hat sich alle Welt daran gewöhnt.

15 Wie aufregend das ist! Ob man sich daran tatsächlich eines Tages gewöhnt?

16 Wir Schüler haben das jedenfalls am Anfang ganz toll gefunden – und für den Straßenverkehr war es eine echte Erleichterung.

17 Die Schüler werden das wahrscheinlich am Anfang sehr spannend finden – und für den Straßenverkehr wird es eine echte Erleichterung sein.

18 Die Schüler finden das alles natürlich „echt geil", wie sie sagen, – und für den Straßenverkehr ist es eine echte Erleichterung!

Ordne die Sätze so zu, dass sich daraus drei Texte ergeben, passend zu den folgenden Überschriften:
a) Eine Science-Fiction-Situation
b) Eine Mutter erzählt, wie die ersten Düsentornister aufkamen
c) Ein Reporter schildert die Ankunft der ersten Schüler mit Düsentornister

Material

Eine Science-Fiction-Situation

Vielleicht wird es gar nicht mehr lange dauern, da werden die ersten Schülerinnen und Schüler mit meinem Düsentornister in die Schule fliegen. Man wird dieses Gerät wie einen Schulranzen auf dem Rücken tragen. Die Schulsachen passen natürlich auch noch hinein. Die Schüler werden dann hoch über der Straße heranfliegen, in einer Einflugschneise in den Sinkflug gehen und auf dem Schulhof landen. Die Flughöhe werden sie mit einer Aufschubdüse regulieren … Das alles wird wahrscheinlich zunächst ziemlich aufregend sein. Aber bald wird sich alle Welt daran gewöhnen. Die Schüler werden das wahrscheinlich am Anfang sehr spannend finden – und für den Straßenverkehr wird es eine echte Erleichterung sein.

Eine Mutter erzählt, wie die ersten Düsentornister aufkamen

Das war ungefähr vor 20 Jahren, als die ersten Schülerinnen und Schüler mit einem Düsentornister in die Schule geflogen kamen. Gott, sah das damals komisch aus! Wir trugen dieses irre Gerät wie einen Schulranzen auf dem Rücken. Die Schulsachen passten natürlich auch noch rein. Die Schüler flogen hoch über der Straße heran, gingen in einer Einflugschneise in den Sinkflug und sind auf dem Schulhof gelandet. Die Flughöhe regulierten wir mit einer Aufschubdüse … Das alles war zuerst furchtbar aufregend. Aber bald hat sich alle Welt daran ge-

Man kann mit solchen Textvariationen (siehe Material oben) aber auch anders verfahren:
– Man kann sie den Schülern nur bis zu einer bestimmten Stelle (bis dort, wo die Pünktchern stehen) anbieten und dann weiterschreiben lassen;

wöhnt. Wir Schüler haben das jedenfalls am Anfang ganz toll gefunden – und für den Straßenverkehr war es eine echte Erleichterung.

Ein Reporter schildert die Ankunft der ersten Schüler mit Düsentornister

Jetzt ist es soweit! Die ersten Schülerinnen und Schüler kommen mit einem Düsentornister in der Schule an. Gott, ist das aufregend! Sie tragen das irre Gerät wie einen Schulranzen auf dem Rücken. Und die Schulsachen passen natürlich auch noch rein. Da fliegen sie hoch über der Straße heran, sie gehen in einer Einflugschneise in den Sinkflug und landen auf dem Schulhof. Die Flughöhe regulieren sie mit einer Aufschubdüse ... Wie aufregend das ist! Ob man sich daran tatsächlich eines Tages gewöhnt? Die Schüler finden das alles natürlich „echt geil", wie sie sagen, – und für den Straßenverkehr ist es eine echte Erleichterung!

(a) Die kleinen Piloten lenken das Fluggerät mit den Steuerdüsen, die sich rechts und links am Tornister befinden.

(b) Die kleinen Piloten werden das Fluggerät mit den Steuerdüsen lenken, die sich rechts und links am Tornister befinden.

(c) Die kleinen Piloten lenkten das Fluggerät mit den Steuerdüsen, die sich rechts und links am Tornister befanden.

Welcher Satz gehört an welche Stelle in welchen Text?

– man kann einen Satz herausnehmen und ihn in den richtigen Text wieder einsetzen lassen (wie wir es hier getan haben);
– man kann den ersten Text vorgeben und die beiden anderen aus der jeweiligen Situation heraus selbst schreiben lassen.

In jedem Falle wird man seine Entscheidung begründen müssen. Und dabei wird der Blick auf die Formen der Verben gerichtet, die man unterstreichen und Satz für Satz miteinander vergleichen könnte: In welchen Zeitformen stehen die Verben im Zukunftstext (in zwei verschiedenen, im Futur und im Präsens), im Gegenwartstext (im Präsens), im Vergangenheitstext (wiederum in zwei verschiedenen, im Präteritum und im Perfekt)?

Im Zusammenhang mit einer Einheit über die Zeitformen kommt es in diesem Experiment eben auf die Einsicht an, dass wir die Tempora zumindest insoweit variabel verwenden, dass in Texten, in denen wir über die Zukunft schreiben, sowohl das Futur wie auch (und, zumal in den eigenen Schülertexten, überwiegend) das Präsens verwendet wird; in Texten, in denen wir über Vergangenes berichten, das Präteritum zumeist im Wechsel mit dem Perfekt, welches die Schüler in ihren selbst verfassten Texten wahrscheinlich sogar bevorzugen werden.

Experimente mit Satzgliedern

Die Erarbeitung von Satzgliedern geht in der Schulgrammatik in der Regel in zwei Schritten vor sich:
1. die Gewinnung von Satzgliedern: Was ist überhaupt ein Satzglied?
2. die Benennung von Satzgliedern: Welche Satzglieder gibt es?

Beim ersten Schritt geht man gewöhnlich von einem Satz aus, dessen Teile sich ohne Sinnveränderungen umstellen lassen, etwa: *Sina hat ihrem Freund aber nicht geholfen.* Selbst wenn man für einen solchen Satz zunächst nur die Wörter angeben würde (*hat, geholfen, Sina, aber, Freund, ihrem, nicht*), ließe sich kaum ein anderer als eben dieser Satz herstellen, allenfalls in anderer Wortstellung.

Nun besteht aber eine wichtige Regel für die Arbeit an den Satzgliedern darin, dass sich bei Umstellproben die Bedeutung eines Satzes nicht verändern darf. Diese Regel wird meist deswegen nicht benannt (und später nicht beachtet), weil sie bei den Umstellproben der Kinder gar nicht ins Spiel kommt. Man spart aus, weil man ein Problem nicht erst aufkommen lassen möchte. Ich halte das für falsch. Denn wer ein Problem vermeiden möchte, muss überhaupt erst erkennen, worin es liegt. Deswegen wählen wir für unsere ersten Experimente mit den Satzgliedern zugleich eine Reihe von Wörtern, bei deren Zusammenstellung zu einem Satz dieses Problem auftritt – oder auftreten könnte.

Ein anderes Problem, das meist nicht beachtet wird, besteht darin, dass sich bei Umstellproben, aus denen man ja die Satzglieder gewinnt, zwar nicht die Bedeutung des Satzes ändern darf, wohl aber ihre Betonung. Es besteht durchaus ein Unterschied zwischen

(a) Sina hat ihrem Freund aber nicht geholfen.
(b) Ihrem Freund hat Sina aber nicht geholfen.
(c) Geholfen hat Sina ihrem Freund aber nicht.
Das würde schlagartig deutlich, wenn diesen Sätzen folgende andere Sätze vorausgingen:
– *Antonia tat alles für ihren Freund, (a).*
– *Sie war sonst stets hilfsbereit, (b).*
– *Sie hat ununterbrochen geredet, (c).*
Bestimmte Satzgliedfolgen sind also vom Kontext abhängig. Unsere Experimente wollen beide Probleme bewusst machen und sich nicht mit formalen Umstellproben zur Ermittlung der Satzglieder begnügen.

Wir bieten also (auf Pappkartons für die gemeinsame Arbeit) zunächst folgende Wörter an:

KINDER SPAGHETTI ESSEN MITTAGS VIELE SEHR GERN

Wenn nun die Kinder aus diesen Wörtern Sätze bilden sollen, dann könnte etwa Folgendes herauskommen:

Sätze mit verschiedenen Bedeutungen:
Viele Kinder   essen   mittags   sehr gern   Spaghetti.
Kinder   essen   mittags   sehr gern   viele Spaghetti.
Viele Spaghetti   essen   mittags   sehr gern   Kinder.
Spaghetti   essen   mittags   sehr gern   viele Kinder.

Man kann darüber sprechen, welche der Sätze wirklichkeitsnah sind und welche nur witzig. Man erkennt auf jeden Fall dabei, dass sie alle vier etwas anderes bedeuten. In dem einen Satz sind es viele Kinder, in dem anderen viele Spaghetti; in den ersten Sätzen essen die Kinder die Spaghetti, in den letzten beiden die Spaghetti die Kinder. Das besagt also, dass wir aus denselben Wörtern Sätze bilden können, die einen unterschiedlichen Sinn haben.

Für unsere Arbeit an den Satzgliedern kann das später wichtig sein. Zunächst aber spielen wir weiter. Dazu nehmen wir uns den ersten Satz einmal vor. Jedes Kind schreibt sich die Wörter auf kleine Zettel und baut diesen Satz vor sich auf. Und die Lehrerin stellt Fragen, zu denen die Kinder die jeweiligen Antworten legen, die dann an die Tafel geschrieben werden. Das sieht etwa so aus wie im Tafelbild auf S. 74. Insgesamt gibt es mehr als zehn mögliche Versionen, wobei nicht jede zu jedem vorausgehenden Satz passt. Die Stellung der Teile im Satz hat also etwas mit Kontext und Kommunikation zu tun. Dieses Wissen wird uns später bei unseren Texten helfen, die wir schreiben.

Tafelbild

(a) Kaum ein Kind isst schon morgens Spaghetti. Aber:
Viele Kinder essen   Spaghetti   sehr gern   <u>mittags</u>.
<u>Mittags</u>   essen   viele Kinder   Spaghetti   sehr gern.

(b) Spinat mit Rosinen mögen die meisten nicht. Aber:
Viele Kinder essen   mittags   <u>sehr gern</u>   <u>Spaghetti</u>.
<u>Spaghetti</u>   essen   viele Kinder   mittags   <u>sehr gern</u>.

(c) Nicht so gern mögen manche Kinder Blutwurst. Aber:
<u>Sehr gern</u>   essen   viele Kinder   mittags   <u>Spaghetti</u>.
<u>Spaghetti</u>   essen   viele Kinder   mittags   <u>sehr gern</u>.

(d) Einige trinken zum Mittagessen gern Milch. Und …
viele Kinder essen   mittags   sehr gern   <u>Spaghetti</u>.
viele Kinder essen   sehr gern   mittags   <u>Spaghetti</u>.

(e) Manche Kinder mögen am liebsten zum Mittag Milchreis. Und …
viele Kinder essen   mittags   <u>sehr gern</u>   <u>Spaghetti</u>.
<u>sehr gern</u>   essen   viele Kinder   mittags   <u>Spaghetti</u>.

Unsere Experimente können wir noch mit einer „Leseprobe" weiter führen, bei der die Kinder entscheiden sollen, welcher Satz ihrer Meinung nach am besten in den Kontext passt. Die Sätze sollten Sie aber nicht laut lesen lassen, da dabei durch Betonung Akzente gesetzt werden können. Nein, nur leise wird gelesen – und dabei die Erfahrung gemacht, dass die Stellung der Satzglieder etwas mit „Betonung" zu tun hat, oder richtiger: Was wir beim Sprechen betonen, das können wir beim Schreiben und Lesen durch die Reihenfolge hervorheben. Wer gut schreiben kann, kann die „Betonung" des Lesers lenken. Warum sollten wir das bei unseren Experimenten mit den Satzgliedern nicht wenigstens schon einmal erproben? – Doch zunächst ist beim leisen Lesen zu entscheiden: Welcher Satz passt besser in den Zusammenhang? Die Bedeutung ist jeweils dieselbe, die Betonung aber doch je nach der gewählten Reihenfolge anders (s. Material S. 75).

Nach solchen Experimenten erst lassen wir die Kinder wissen: Was wir jeweils in unseren Sätzen an bestimmte Stellen gerückt haben oder was

> **Felix, Katja und Alexander rennen um die Wette.**
> a) Den besten Start hat Felix erwischt.
> b) Felix hat den besten Start erwischt.
> **Doch dann kommt Katja immer mehr auf. Sie läuft mit großen Schritten an Alexander vorbei. Schließlich holt sie auch noch Felix ein.**
> c) Der ist nämlich über einen Stein gestolpert.
> d) Über einen Stein ist der nämlich gestolpert.
> **Katja rennt an ihm vorbei. Doch Alexander ist auch nicht der Langsamste. Er kommt näher und näher.**
> e) Neben ihr taucht er plötzlich auf.
> f) Plötzlich taucht er neben ihr auf.
> **Katja gibt noch einmal Gas. Doch Alexander ist nicht mehr aufzuhalten. Er gewinnt am Ende den Wettlauf.**
> g) Zweite wurde Katja aber wenistens am Ende.
> h) Katja wurde am Ende aber wenigstens Zweite.
> **Und Felix? Viel hat es ihm nicht ausgemacht, dass er nur Dritter wurde.**
> i) Ein bisschen hat er sich aber doch geärgert.
> j) Er hat sich aber doch ein bisschen geärgert.
>
> *Lies die fett gedruckten Sätze aufmerksam, aber leise durch; entscheide dann, welcher der folgenden Sätze am besten dazu passt!*

Material

in einem Satz an verschiedenen Stellen stehen kann, das nennen wir „Satzglieder":

Natürlich müssen dann Umstellproben zur Ermittlung der Anzahl der Satzglieder in längeren Sätzen durchgeführt werden. Dabei gilt nun die Experimentierregel: Der Sinn des Ausgangssatzes darf sich nicht verändern.

Was die Anzahl der Satzglieder betrifft, ist es so einfach mit einem Satz oftmals nicht! Bei den meisten Schülerinnen und Schülern werden die Wörter *Bratwurst mit Ketchup* beisammenbleiben (a–d). Doch es gibt auch einige, die bilden besondere Sätze (e, f). Hat also dieser Satz fünf oder sechs Satzglieder? – Natürlich kann man solche Probleme zu Beginn der Satzgliedexperimente aussparen, und so wird es ja auch meistens getan.

> **Material**
>
> **Merksatz**
>
> **Satzglieder** sind bestimmte Teile von Sätzen, die wir **umstellen** können. Solche Teile können aus einzelnen Wörtern bestehen oder aus mehreren Wörtern, die eng zusammengehören. Bei solchen Umstellungen entstehen im Satz andere **Betonungen**. Ein ganz anderer **Sinn** darf aber dabei **nicht** entstehen.

> **Material**
>
> **Einen Satz bilden:**
>
> AM AUF BRATWURST ESSEN KETCHUP KINDER LIEBSTEN MIT PARTYS VIELE
> Viele Kinder essen auf Partys am liebsten Bratwurst mit Ketchup.
>
> *Probiere aus, wie du die Teile des Satzes sinnvoll umstellen kannst!*

Damit werden aber immer gleich auch die Zweifelsfälle ausgespart, in die selbst eine Lehrerin oder ein Lehrer geraten kann, wenn die Kinder etwas anderes tun, als man erwartet hatte.

Ich halte es für richtiger, die Schüler zumindest darauf aufmerksam zu machen, dass es schon bei Umstellproben manchmal Probleme geben kann. Wir können sie mit ihnen gewiss noch nicht immer sofort lösen; doch sehen lernen sollten wir sie. In unserem Falle kann *mit Ketchup* ohne Zweifel Attribut zu *Bratwurst* (also ein Teil eines Satzgliedes) sein. Doch dieses Attribut ist von seinem Bezugswort „ablösbar", also durchaus selbstständig umstellbar, ohne dass sich die Bedeutung des Satzes dabei entscheidend verändert. Es erhält damit den Rang eines Satzgliedes. Fragen wir *Was essen Kinder am liebsten?*, und erhalten dabei die Antwort *Bratwurst mit Ketchup*, so interpretieren wir dies als ein zusammengehöriges Satzglied; fragen wir aber *Wie* oder *womit essen Kinder Bratwurst am liebsten?*, so erhalten wir die Antwort *mit Ketchup*. – Ich plädiere in solchen Fällen

> **Umstellproben:**
>
> (a) Viele Kinder / essen / auf Partys / am liebsten /Bratwurst mit Ketchup.
> (b) Viele Kinder / essen / am liebsten / Bratwurst mit Ketchup / auf Partys.
> (c) Viele Kinder / essen / Bratwurst mit Ketchup / auf Partys / am liebsten.
> (d) Auf Partys/ essen / viele Kinder / am liebsten / Bratwurst mit Ketchup.
> (e) Mit Ketchup / essen / viele Kinder / Bratwurst / auf Partys / am liebsten.
> (f) Bratwurst / essen / viele Kinder / auf Partys / am liebsten / mit Ketchup.

zunächst für Offenlassen: Für die einen besteht der Satz eben aus fünf Satzgliedern, wenn bei ihnen die Wortgruppe immer zusammenbleibt; für die anderen besteht er aus sechs Satzgliedern, wenn die Wortgruppe trennbar ist – ohne Bedeutungsänderung.

Den Unterschied zwischen Satzglied und Attribut behandeln wir in einem späteren Schuljahr; dann wird an Sätzen auch deutlich gemacht, wie eindeutige Attribute sich von Satzgliedern dadurch unterscheiden, dass sie einen Bedeutungsunterschied konstituieren:

Attribut: *Sie beobachtete* (wen?) *den Mann mit dem Fernglas.*
 Der Mann hat das Fernglas.
Satzglied: *Sie beobachtete* (womit?) *mit dem Fernglas* (wen?) *den Mann.*
 Die Beobachterin hat das Fernglas.

In unserem *Bratwurst*-Beispiel besteht ein solcher Unterschied jedoch nicht. Und eben deswegen sind Satzglied und Attribut schwer unterscheidbar bzw. können als das eine oder das andere interpretiert werden. Wir lassen uns und die Schüler *also* von der Frage, ob denn der Satz fünf oder sechs Satzglieder enthalte, nicht beunruhigen – und lassen beides gelten.

Subjekt – Subjekte

Der nächste Schritt einer Satzgliedanalyse besteht in der Kategorisierung der Satzglieder. In Ansätzen geleistet ist dies ja zumeist schon in der Grundschule. (Siehe dazu mein Kapitel vorn, in dem ich für die Adverbiale als Einführung in die Satzgliedanalyse plädiert habe.) Hier möchte ich mich auf eine besonders kitzlige Aufgabe konzentrieren: auf die Ermittlung des Subjekts. Schwierig ist sie vor allem deswegen, weil, wie Peter Eisenberg schreibt, „es nicht möglich ist, ein durchgängiges und einheitliches funktionales Kriterium für ‚Subjekt' im Deutschen anzugeben" (1994, S. 283). Dort, wo das Subjekt, wie man es schon in der Grundschule tut, mit einer Wer-oder-was-Frage ersetzt werden kann, ist die Sache einfach, – besonders dann, wenn das Subjekt auch noch an erster Stelle des Satzes steht und den oder die „Täter" bezeichnet. So in Satz (b) in den folgenden Beispielen: *Wer lachte den Felix aus? – Die Mädchen.* Hier haben wir es sozusagen mit einem Prototyp von Subjekt zu tun, wie er für viele Sätze der deutschen Sprache gilt. Und in der Grundschule hatten wir es ja stets nur mit solchen Prototypen zu tun. Doch in vielen anderen Fällen ist die Sache komplizierter, und es darf uns nicht wundern, dass die Identifikation des Subjekts in der Schule immer wieder Probleme bereitet. Das zu können, darauf käme es aber an.

Nun nimmt sich eine Grammatik-Werkstatt nicht unter allen Umständen vor, ausgerechnet die komplizierten Fälle der Sprache ins Blickfeld der Kinder zu rücken. Doch sie darf sie auch nicht aussparen, insbesondere dann nicht, wenn sie doch in Alltagssätzen vorkommen. Und eine Grammatik-Werkstatt nimmt sich in jedem Fall vor, etwas Wichtiges über Sprache erfahrbar zu machen. Wichtig aber ist, dass man über das „bedeutsamste" Satzglied des deutschen Satzes mehr erfährt, als dass es sich problemlos mit „wer oder was" erfragen lässt. Probleme zu erkennen und zu erfahren, worin sie liegen, bleibt eine der vornehmsten Aufgaben einer Werkstatt Grammatik.

Beginnen wir für Sie, den lernenden Lehrer, einmal mit den ungelösten Problemen, will sagen: mit problematischen Satzbeispielen, bei denen Sie selbst erst die Probleme zu erkennen hätten. Für die Subjekte dieser Sätze sind Fragen eingesetzt; die Pfeile geben die Antworten (wirklich alle?) an – oder verweisen auf Fragen, die Sie sich selbst stellen können, z. B. „Was ist das Subjekt? Gibt es überhaupt ein Subjekt? Gibt es womöglich zwei Subjekte? Ist alles Angegebene wirklich Subjekt?" – Dabei handelt es sich um Sätze, wie sie in der Alltagssprache der Schülerinnen und Schüler durchaus vorkommen:

Diese Beispiele sollten Sie einmal mit Ihren Schülerinnen und Schülern, etwa im Zusammenhang mit dem Grammatikunterricht, in dem Sie ohnehin das Satzglied Subjekt durchnehmen, besprechen. Die erkenntnisleitendenden Fragen wären: Woran kann man ein Subjekt erkennen? Gibt es etwas, das allen Subjekten gleich oder ähnlich ist? Gibt es überhaupt in jedem Satz ein Subjekt? usw. Auf jeden Fall sollten Sie gleich zu Beginn deutlich machen, dass Subjekte Satzglieder sind, die ganz besondere Schwierigkeiten bei ihrer Ermittlung bereiten können – und auch in der Sprachwissenschaft ein Problem darstellen. Das Wichtigste aber ist, auf die Antworten der Schüler gespannt zu sein und etwas für Sie offensichtlich „Falsches" nicht gleich zurückzuweisen, sondern es zu erörtern.

Zu Beginn der Arbeit sollten die Schüler die Sätze erst einmal herstellen; danach mit ihrem bisherigen Wissen auf die Suche nach den Subjekten gehen. Dabei werden sie etwa folgende Sätze bilden:

(a) Es war einmal ein Junge, der hieß Felix.
Schon bei einem so alltäglichen Satz stellt sich die Frage, was denn im Hauptsatz das Subjekt ist: *es* oder *ein Junge* oder beides? Beides steht im Nominativ; das ist, wie man gelernt hat, ja auch die Bedingung für ein Subjekt. Zweifellos aber ist *ein Junge* die „Hauptsache" des Satzes; er ist diejenige Größe, um die es geht, über die etwas ausgesagt wird. Experimente der Weglass- und Ersatzprobe zeigen, dass das *es* ersetzt werden kann durch *da* (*Da war einmal ...*) bzw. zur Not auch weggelassen werden kann: *Einmal war ein Junge.* Tatsächlich gibt es hier so etwas wie zwei Subjekte: ein „echtes", das das Wichtigste im Satz benennt, und ein „formales" *es*, das an den Satzanfang vor das Prädikat gestellt wird.

(b) Die Mädchen lachten ihn ständig aus.
Hier steht das Subjekt links vom Prädikat, wie es die Regel ist. Es bezeichnet diejenige Größe, von der die Handlung bestimmt wird, den „Täter" der Handlung oder den Träger des Ereignisses. Das ist sozusagen der Prototyp von Subjekt. Solche Subjekte sind daher auch am leichtesten zu identifizieren.

(c) Felix wird von den Mädchen ständig gehänselt.
Der Unterschied zu (b) besteht hier darin, dass mit dem Subjekt nicht der „Täter", von dem die Handlung ausgeht, sondern der von der Handlung „Betroffene" bezeichnet wird. Auch das gibt es also! Es ist in der Regel in Passivsätzen mit *werden* der Fall.

(d) Es wird über Felix getuschelt.
Hier taucht wieder das ominöse *es* als Subjekt auf. Eine eigene Bedeutung hat dieses *es* nicht; es bezeichnet nichts außerhalb seiner selbst. Es ist ein rein formales Subjekt. Lässt man es weg, entsteht ein Satz ohne Subjekt: *Über Felix wird getuschelt.*

Material

(a) _____ war einmal _____, der hieß Felix.

→ **Es – ein Junge**
(Was ist Subjekt?)

(b) _____ lachten ihn ständig aus.

→ **Die Mädchen**

(c) _____ wird von den Mädchen ständig gehänselt.

→ **Felix**

(d) _____ wird über Felix getuschelt.

→ **Es**
(Was ist Subjekt?)

(e) Dem Felix aber wird von niemandem geholfen.

→ (Wo steht das Subjekt?)

(f) _____ sind _____.

→ **Die Mädchen – Spötterinnen**
(Was ist Subjekt?)

(g) Dass Felix ausgelacht wird, ärgert ihn.

→ (Wer oder was ärgert ihn? Was ist Subjekt?)

(e) Dem Felix wird von niemandem geholfen.
Hier haben wir es mit einem Satz ohne Subjekt zu tun. Auch das gibt es also! Es ist bei einigen Verben der Fall, die kein Subjekt nehmen müssen: *ihn dürstet, ihn friert, ihm schwindelt, ihr graut davor* – und bei Passivsätzen, in denen das Dativobjekt der entsprechenden Aktivsätze an die Subjektstelle tritt: *sie helfen dem Jungen* → *dem Jungen wird (von ihnen) geholfen.*

(f) Die Mädchen sind richtige Spötterinnen.
Hier treten zwei Satzglieder auf, die im Nominativ stehen (Wer oder was ist wer oder was?), wie das bei *sein, werden, heißen, scheinen* der Fall sein

(h) Die Mädchen versuchen es immer wieder, sich mit Felix anzulegen.

→ (Wer legt sich an?)

(i) _____ hagelt _____.

→ **Es – Witze und Spott**

(Was ist Subjekt?)

(j) _____ erzeugt _____,
und _____ erzeugt _____.

→ **Spott – Gegenwehr**

(Was ist jeweils Subjekt?)

(k) _____ sind _____!

→ **Das – Spiele ohne Ende**

(Was ist Subjekt?)

(l) _____ bekommt _____
_____ _____.

→ **natürlich – die Schuld – der Felix – immer**

(Wohin stellst du das Subjekt?)

Gehe die Beispiele durch und vervollständige die Sätze.

kann. In der Grammatik nennt man so etwas „Gleichsetzungsnominativ". Welche Größe ist aber das Subjekt? Lässt sich das überhaupt entscheiden? Die Umstellprobe macht es möglich, auch den zweiten Teil an den Satzanfang zu bringen: *Richtige Spötterinnen sind die Mädchen.* Doch das führt uns nicht weiter! Bei der Frageprobe würden wir wohl fragen: Wer ist was? Das legt uns nahe, *die Mädchen* als das „echte Subjekt" zu bezeichnen. Auch ließe sich *richtige Spötterinnen* durch *richtig (echt) spöttisch* ersetzen. Dann hätten wir *die Mädchen* als unverzichtbares Subjekt identifiziert und *echt spöttisch* als Adverbial (wie?).

(g) Dass Felix ausgelacht wird, ärgert ihn.
Dieser Gesamtsatz besteht aus zwei Sätzen, einem Nebensatz mit *dass* und dem Hauptsatz *ärgert ihn*. Das Subjekt im Nebensatz ist natürlich *Felix*. Aber woraus besteht das Subjekt des unterstrichenen Hauptsatzes? Zweifellos aus dem Nebensatz selbst, der ja ersetzt werden kann durch *das (dass Felix ausgelacht wird) ärgert ihn*. Hier ist also ein Nebensatz (ein Subjektsatz) das Subjekt des Hauptsatzes.

(h) Die Mädchen versuchen es immer wieder, sich mit Felix anzulegen.
Auch hier haben wir es mit einem Hauptsatz und dem unterstrichenen Nebensatz (Infinitivsatz) zu tun. Dieser Nebensatz hat aber, anders als Nebensätze mit Konjunktionen, kein Subjekt, wie das bei Infinitivsätzen stets der Fall ist. Der „Täter" wird jedoch mitgedacht, und er ist natürlich der bereits im Hauptsatz genannte (*die Mädchen*). Eine Umformungsprobe könnte das leicht belegen: *Die Mädchen versuchen es immer wieder, dass sie sich mit Felix anlegen.*

(i) Es hagelt Witze und Spott.
Es gibt eine Reihe von Verben (vor allem solche, die Witterungen bezeichnen), in denen lediglich eine Aussage gemacht wird, ohne dass ein Handlungsträger benannt wird; diese haben nur ein formales Subjekt: *es regnet, schneit, hagelt*. Bedeutung tragen die Subjekte hier nicht, aber sie müssen stehen. Es gibt keinen Satz, der nur aus einem Prädikat besteht. Die Umformungsprobe zeigt, dass ein echtes Subjekt zumindest eingefügt werden kann: *der Regen regnet* – oder in unserem Beispiel: *Witze und Spott hageln (auf Felix herab)*. Dann wird das Akkusativobjekt zum Subjekt.

(j) Spott erzeugt Gegenwehr, Gegenwehr erzeugt Spott.
In diesen Sätzen sind Subjekt und Objekt an keinem grammatischen Indiz zu erkennen. Wer oder was erzeugt hier wen oder was? Hier können wir das Subjekt aber vor allem an der Reihenfolge der Satzglieder erkennen. Und da gilt: Was links vom Prädikat steht, werden wir eher als Subjekt identifizieren als das, was rechts davon steht. Und natürlich können wir fragen: „Wer oder was erzeugt wen oder was?"

(k) Das sind Spiele ohne Ende!
Hier handelt sich wiederum um einen Satz (wie f) mit einem Gleichsetzungsnominativ. Doch der Plural (*sind*) signalisiert hier, dass *Spiele ohne Ende* das Prädikat bestimmen – und nicht das im Singular stehende *das*. Diese grammatische Übereinstimmung von Subjekt und Prädikat in der Anzahlform (man nennt das auch Kongruenz) legt nahe, in *Spiele ohne Ende* das Subjekt zu sehen, ähnlich wie in Sätzen wie *Petra und Anne wollen Stewardess werden* oder: *Müller und Lehmann sind Schmied*.

(l₁) *Natürlich bekommt die Schuld immer der Felix.*
(l₂) *Natürlich bekommt der Felix immer die Schuld.*
(l₃) *Der Felix bekommt natürlich immer die Schuld.*
(l₄) *Die Schuld bekommt der Felix natürlich immer.*
(l₅) *Immer bekommt der Felix natürlich die Schuld.*

Bei der Herstellung dieses Satzes kommt es darauf an, an welche Stelle die Schüler das Subjekt setzen. Der „unmarkierte Satz", das heißt derjenige, der die unauffällige Normalstellung zeigt, ist (l₃): das Subjekt vor dem Verb. Er wird wahrscheinlich am häufigsten gewählt werden. Das Subjekt direkt hinter dem Verb wie in (l₂,₄,₅) kommt am zweithäufigsten vor. Der am deutlichsten „markierte", der auffälligste Satz dürfte (l₁) sein. Ein Subjekt am Ende des Satzes ist ein besonders seltener Fall. Ihn werden sicher die wenigsten Schüler wählen. Solche markierten Fälle führen zu veränderten Betonungen beim Lesen (auch beim leisen Lesen!) – und damit zu bedeutsamen Hervorhebungen.

Natürlich müssen Sie mit den Schülern nicht alle diese Sätze erörtern. Man könnte sich auch auf nur einige von ihnen beschränken, am ehesten wohl auf a, b, c, e, f, j, l. Die Erkenntnisse, die daraus – und aus einigen Parallelsätzen – zu gewinnen sind, ließen sich folgendermaßen fassen:

1. Sätze sind Aussagen (Prädikationen). Manche Sätze sind nichts als das. Sie sagen *etwas* aus, aber nichts über einen Träger der Aussage oder einen von der Aussage Betroffenen. Bedeutung tragen in ihnen ausschließlich die Verben: *Es friert. Es wird getuschelt.* Im ersten Falle ist überhaupt kein Ereignisträger vorhanden; das Subjekt *es* ist eine rein formale Herausstellung aus dem Verb; wir fragen nicht, wer denn da friert; wir denken es nicht einmal. Im zweiten Falle kann man einen Handlungsträger immerhin mitdenken; denn jemand muss es ja sein, der tuschelt.

2. Sätze sind Aussagen über *etwas* oder *jemanden*: über Ort, Zeit, Dinge, Lebewesen usw.: <u>Hier</u> *wurde gezeltet.* <u>Gestern</u> *wurde gefeiert.* <u>Ihn</u> *friert.* <u>Er</u> *friert.* <u>Dem Felix</u> *wird nicht geholfen* … Solche Sätze weisen außer der Aussage (im Verb) noch eine zweite Größe auf: den Träger des Ereignisses, eine Orts- oder Zeitangabe. Der Ereignisträger, ob Handelnder oder Betroffener, steht dabei in der Regel im Nominativ, er muss es aber nicht (*er friert – ihn friert; ihm wird nicht geholfen*). Subjekte nennen wir nur solche Ereignisträger, die nominal sind (Nomen oder Pronomen) und im Nominativ stehen.

3. Das Subjekt steht in den meisten Fällen am Satzanfang (links vom Verb). In Texten freilich kommen Sätze mit dem Subjekt unmittelbar nach dem Verb ebenfalls häufig vor, da ein Adverbial am Satzanfang oftmals den Bezug zum vorausgehenden Satz herstellt. Äußerst selten sind Sätze mit dem Subjekt am Satzende. – Gibt es im Satz zwei nominale Satz-

glieder, so identifizieren wir in der Regel das links stehende als Subjekt: *Spott erzeugt Gegenwehr.*

4. Das Subjekt bezeichnet in den meisten Fällen den Ereignisträger, über den etwas ausgesagt wird, den „Täter" einer Handlung oder den „Ausgangspunkt" eines Geschehens: *Die Mädchen lachten ihn ständig aus.*

5. Das Subjekt stimmt mit dem Prädikat in der Anzahlform überein (Kongruenz). Bei vielen Gleichsetzungsnominativen können wir dasjenige Satzglied, das mit der Verbform kongruent ist, als Subjekt identifizieren: *Das sind Spiele ohne Ende.*

6. Ein Subjekt kann in subjektlose Sätze durch Umformungsprozesse oftmals eingesetzt werden: *Dem Felix wird von niemandem geholfen.* wird zu *Der Felix wird von niemandem unterstützt.* – oder zu *Niemand hilft Felix.*

7. Ein echtes Subjekt kann auch in Sätze mit dem formalen Subjekt *es* oft eingesetzt werden, indem man das *es* tilgt: *Es war einmal ein Junge …* wird zu *Einmal war ein Junge …*

8. Es gibt Hauptsätze, bei denen das Subjekt als Nebensatz herausgestellt ist (Subjektsatz): *Dass Felix ausgelacht wird ärgert ihn.*

9. In Nebensätzen, die aus einer Infinitivkonstruktion mit *zu* bestehen, gibt es kein grammatisches Subjekt; das Subjekt des Hauptsatzes wird aber hier mitgedacht: *Die Mädchen versuchen es immer wieder, sich mit Felix anzulegen (sie!).*

Natürlich stellt sich wieder die Frage: Muss man denn das alles wissen? Nein, man muss es nicht! Man muss über den Begriff „Subjekt" eigentlich überhaupt nichts wissen, zumindest nichts, was für den Sprachgebrauch, für richtiges Sprechen und Schreiben, für literarische Interpretation oder Sprachkritik hilfreich sein könnte. Es gilt, was Peter Eisenberg schreibt: „Der Schluss ist unvermeidlich, dass das grammatische Subjekt kein einheitliches, außersyntaktisches Korrelat hat" (1994, S. 280); und das heißt nichts anderes, als dass Subjekte formale Größen in Sätzen sind, die keine einheitliche semantische, stilistische oder poetische Funktion besitzen. Damit ist die Frage, was uns das Wissen denn nutze, eigentlich müßig.

Doch wir verwenden den Begriff als begriffliches Handwerkszeug häufig, und zwar bei mancherlei Gelegenheiten, bei denen wir über Sprache sprechen. Keine Schulgrammatik hat bisher auf ihn verzichtet. Wir kritisieren in Aufsätzen: „Wo ist hier das Subjekt?" Wir markieren die „falsche Kongruenz". Wir regen zu Textüberarbeitungen an: „Müssen denn die Subjekte immer am Satzanfang stehen?" Wir machen auf die „besondere

Stellung der Subjekte" in einem Gedicht Hölderlins aufmerksam. Wir lassen Schülerinnen und Schüler Satzglieder in Tabellen einordnen. Kurzum: Wir verwenden einen Begriff und nehmen an, dass ihn der andere versteht. Da ist es natürlich gut, wenn die Betreffenden etwas wissen über die Formen, Stellungen, Besetzungen und Arten von Subjekten, etwas darüber auch, woran man ein Subjekt erkennen kann. Und: dass sie es auch im Zweifelsfalle von anderen Satzgliedern unterscheiden können – und mit Hilfe welcher Verfahren. Das Entscheidende aber ist auch hier: Wir haben gemeinsam mit den Schülern Arbeit an der Sprache betrieben, haben experimentiert, verglichen und ermittelt – und damit unser Sprachbewusstsein geschärft.

„Klasse! – Spitze!" Experimente mit jugendsprachlichen Ausdrücken

Das ist K(k)lasse! Das ist S(s)pitze! – Wie schreibt man das eigentlich? Man kann im Duden nachschauen, der bei *das ist Klasse* die Großschreibung anbietet (im Gegensatz zur früheren Auflage, in welcher er beides vorsah), bei *das finde ich klasse/Klasse* (wie vormals schon) sowohl Groß- als auch Kleinschreibung, und der bei *das ist – das finde ich Spitze/spitze* in beiden Fällen Groß- und Kleinschreibung anbietet. Oder Sie schauen im Bertelsmann nach, der bei *Klasse* nur die Großschreibung zulässt und *Spitze* in dieser Wendung gar nicht aufführt. Der Bertelsmann verweist dabei unangemessen auf §34 E3(5) der Neuregelungen, wo Schreibungen wie *Angst haben, Auto fahren* usw. aufgeführt sind, aber von *Klasse* nicht die Rede ist (es dürfte wohl auch zu diesen Fällen nicht gehören). Oder Sie orientieren sich in einer der vielen veröffentlichten Listen, in denen zumindest *K/klasse* in beiderlei Schreibungen zu finden ist.

Sie können dieses Problem, das offensichtlich nicht nur eines der Schüler, sondern auch der Wörterbücher ist, aber auch mit den Schülern gemeinsam untersuchen und einmal danach fragen, zu welchen Wortarten sie *klasse* und *spitze* zählen würden. Dann unterscheiden Sie mit den Schülern Sätze wie *Das ist (eine große) Klasse*, was Jugendliche so sagen können – und *das ist (*eine große) spitze*, was sie mit dem Klammerausdruck so (noch) nicht sagen. Gerade an den Beispielen der Jugendsprache lassen sich, da es sich dabei ja um noch nicht gänzlich normierte Fälle handelt, oftmals die besten Einsichten in Sprache gewinnen, wenn man sie nicht normativ, sondern deskriptiv behandelt. Und wenn man dann womöglich auch noch schlauer als die Wörterbücher sein kann oder sich zumindest mit den selben Problemen herumschlägt wie sie, dann kann das Ergebnis schon etwas Befriedigendes haben.

Material

Einige weitere Aufgaben:

1. Formuliere den zweiten Satz so um, dass ein Satzglied an erster Stelle steht, das mit größerer Gefühlsmäßigkeit an den ersten anschließt als das blasse Subjekt:

Sina musste unbedingt für die Schule noch etwas tun.

_____

Sie hatte aber nicht im Geringsten Lust dazu.

2. Setze den folgenden Satz so fort, dass das Subjekt des zweiten Satzes an einer besonders betonten Stelle steht:

Sie saß den halben Nachmittag ganz verzweifelt über ihrer Hausaufgabe,

_____

… hat geholfen / ihr / kein Mensch / dabei / aber.

3. Forme den folgenden Satz (in einen Passivsatz mit werden) so um, dass das Subjekt „sie" nicht mehr vorkommt:

Also: Was kann man wie (schon) sagen und vielleicht auch schreiben – und was so noch nicht. Wörter wie *Klasse/Spitze* sind ohne jeden Zweifel zunächst einmal Nomen; doch wenn sie in Wendungen wie *das ist / das finde ich klasse / spitze* gebraucht werden, sind sie ersetzbar durch andere Adjektive in prädikativer Stellung wie *super, toll, geil, fantastisch*. Das spricht für Kleinschreibung. Doch die Jugendlichen sagen mit gleicher Bedeutung auch *das ist Wahnsinn*, und hier kommt man nicht auf eine adjektivische Struktur, sondern auf eine nominale und damit natürlich auf Großschreibung.

Wenn man einmal an der Sprache der Schüler selbst auf Strukturen der Wortarten aufmerksam macht, dann gewinnt man die kategoriale Betrachtungsweise unmittelbar aus dem Sprachgebrauch: „Was sagt ihr – und was nicht? Wie ist das innerhalb der Struktur der Sprache zu sehen?

So konnte sie die Aufgaben einfach nicht erledigen.

4. Mache aus den beiden Sätzen einen einzigen. Dabei soll der erste ein Subjektsatz zum zweiten Satz werden:

Sie schaffte es nicht. Das ärgerte sie schrecklich.

5. Vervollständige den Satz. Wie viele Möglichkeiten gibt es? Welche Variante geht nicht?

Manche Aufgaben ist _____

          sind _____

                  eine unzumutbare Quälerei/

                  unzumutbare Quälereien.

6. Unterstreiche in dem folgenden Satz das Subjekt (die Subjekte?):

Dass sie es am Ende doch noch geschafft hat, erfüllte Sina mit Stolz.

Und wie müsste man dann schreiben?" Was kann bei einer solchen Grammatik-Rechtschreib-Werkstatt in unserem Fall herauskommen? Ohne Zweifel: dass man Wörter wie *super, geil, toll* kleinschreibt; dass *Klasse* in Wendungen wie *große Klasse* großgeschrieben werden muss, in solchen wie *ein klasse Wagen* aber klein; dass *spitze* und *klasse* sich voneinander unterscheiden (siehe Beispiel), indem *spitze* nicht als wirkliches Nomen verwendet wird, *Klasse* jedoch durchaus. Eine Erfahrung über die Wortart Adjektiv macht man dabei nebenher: *geil, toll* und manchmal im Sprachgebrauch auch *klasse* können flektiert werden; *geil* und *toll* immer, *klasse* ist möglicherweise auf dem Weg dazu; *spitze* in der Bedeutung „sehr gut" verhält sich dagegen wie *super*, also wie ein nicht-flektierbares Adjektiv (vergleichbar *lila, rosa*). – Und für die Schreibung? *Das ist K/klasse* und *das finde ich K/klasse* sollte man tatsächlich groß- und kleinschreiben dürfen; *das*

Material

Fragebogen

Was könntest du sagen oder schreiben?
Und wie würdest du es schreiben: groß oder klein?

	Adjektiv (klein)	Nomen (groß)
Das Auto ist	klasse	Klasse
(SPITZE)	_____	_____
(SUPER)	_____	_____
(TOLL)	_____	_____
(GEIL)	_____	_____
(WAHNSINN)	_____	_____
Es ist groß<u>e</u> (KLASSE)	_____	_____
Es ist groß<u>er</u> (WAHNSINN)	_____	_____
Es ist groß<u>e</u> (SPITZE)	_____	_____
Das ist ein (KLASSE)	_____ Auto	
Das ist ein (SUPER)	_____ Auto	
Das ist ein (TOLL)	_____ Auto	
Das ist ein (SPITZE)	_____ Auto	
Das ist ein (TOLLES)	_____ Auto	
Das ist ein (GEILES)	_____ Auto	
Das ist ein (SUPERES)	_____ Auto	
Das ist ein (KLASSES)	_____ Auto	
Das ist ein (SPITZES)	_____ Auto	
… (SPITZENMÄSSIGES)	_____ Auto	
Das Auto finde ich	klasse _____	große _____
Ich finde es (SPITZE)	_____	große _____
Ich finde es (SUPER)	_____	große _____
Ich finde es (GEIL)	_____	große _____
Ich finde es (WAHNSINN)	_____	großen _____

Fragebogen (ausgefüllt):

	Adjektiv (unflektiert)	Nomen
Das Auto ist	klasse	Klasse(?)
Das Auto ist	toll	
Das Auto ist	super	
Das Auto ist	spitze	Spitze(?)
Das Auto ist	geil	
Das Auto ist große		Klasse
Das ist großer		Wahnsinn
– nicht: große		* Spitze
Das ist ein	klasse	Auto
Das ist ein	super	Auto
– nicht:	*toll	Auto
– selten:	*spitze	Auto
Das ist ein	tolles	Auto
Das ist ein	geiles	Auto
Das ist ein	*superes	Auto
– ugs.:	(?) klasses	Auto
– nicht:	*spitzes	Auto
– aber:	spitzenmäßiges	Auto
Das Auto finde ich	klasse	große Klasse
	spitze	*große Spitze
	super	
	geil	
		Wahnsinn

ist spitze und *das finde ich spitze* dürfte man nach unseren Ergebnissen nur kleinschreiben.

Das Experiment, das wir in unserem Beispiel aufgeführt haben, lassen wir die Schülerinnen und Schüler natürlich selbst durchführen, allein oder miteinander, am besten mit Hilfe einer Umfrage bei Schülern aus anderen Klassen. Dazu bekommen sie eine Tabelle ohne die eingetragenen Wörter, die sie dann erst in das Raster einzutragen hätten. Natürlich machen wir ein Angebot: Was und wie würdest du schreiben können: *klasse, spitze, geil, toll, super spitzenmäßig, wahrsinnig, irre, ... – Klasse, Spitze, Wahnsinn, ...* Die Fragebogen werden ausgefüllt und ausgewertet im Hinblick darauf, was man überhaupt sagen kann, was man auch schreiben würde – und wie man es dann schreibt: groß oder klein. Sicherlich ist man durch ein solches Verfahren am Ende zumindest schlauer als die Wörterbücher!

Ein Wort ist uns bei diesen Betrachtungen vielleicht über den Weg gelaufen, bei dem sich manchem Lehrer die Haare sträuben: *spitzenmäßig. Eine spitzenmäßige Musik* o. Ä. können Schüler sagen. Wer einen sprachinteressierten Jahrgang hat, könnte mit ihm auch darüber einmal nachdenken. Solche Wörter entstehen ja nicht von ungefähr, auch wenn wir uns über ihre Bildung im Nachhinein ärgern. Ein Bedürfnis dafür muss schon vorliegen. Und warum besteht das gleiche Bedürfnis bei Wörtern wie **klassenmäßig, *supermäßig* nicht, vor dem uns die Sprache ja bisher bewahrt hat und aus einem bestimmten Grunde wohl auch bewahren wird? Unsere Übersicht macht es deutlich, wenn wir denn einbezogen haben, wozu uns die Schüler angeregt haben: Die Wörter *klasse/super* können wir bereits attributiv als Adjektiv (womöglich sogar flektiert) zu einem Nomen stellen: *ein super/klasse(s) Auto*; bei *spitze* gelingt das nicht so leicht. (Man frage einmal in der Klasse, wie viele Schüler sagen können: *eine spitze Disko, eine spitze Musik* o. Ä.!) Und warum spricht man so nicht? Ganz sicher deswegen, weil *spitz* in diesen Wendungen an seine ursprüngliche unmetaphorische Bedeutung erinnern würde; eine solche haben *klasse* und *super* nicht. Das Bedürfnis aber, alle solche Wörter, die ein Nomen verstärken sollen, als Attribute zu verwenden, ist groß; und deswegen wahrscheinlich fügt man an *spitze-* ein Adjektivierungsteilchen wie *-mäßig* an (in Analogie zu *regelmäßig* usw.), das unsere Sprache gelenkiger macht, – wenn auch nicht schöner.

Warum heißt es „nach Hannover", aber nicht „nach der Stadt"?

Ein sehr verbreiteter Sprachgebrauch in Norddeutschland ist: *Ich fahre nach McDonald's / nach der Stadt / nach Tante Elli.*

Bis ins 6. Schuljahr hinein kommt dieser Sprachgebrauch, der seinen Ursprung im Niederdeutschen hat, noch in schriftlichen Texten vor. So etwas kann man schlichtweg zurückweisen und korrigieren, und das Wissen-Dass ist dann auch weitgehend wirksam; jedenfalls kommt dergleichen in höheren Schuljahren in Aufsätzen kaum noch vor. Man kann aber auch an solchen Beispielen auf sprachliche Entdeckungsreise gehen und dabei zumindest etwas vom Wissen-Warum vermitteln. Aus Fehlern oder aus Konflikten des eigenen Sprachgebrauchs mit dem der Erwachsenen lernen Schüler ja lieber als aus bloßen Belehrungen.

Machen wir die „Richtungsangaben" also einmal zum Thema des Sprachunterrichts. Aus der Grundschule kennen die Kinder schon den Unterschied zwischen *Ich fahre* (wo?) *auf dem Schulhof (herum) – Ich fahre* (wohin?) *auf den Schulhof (drauf)*. Sie haben dort schon einmal erfahren, dass am Artikel der Unterschied zwischen dem dritten und dem vierten Fall erkennbar ist und dass der Dativ in solchen Fällen auf den Ort hinweist und der Akkusativ auf die Richtung. Da dies für die folgenden gemeinsamen Überlegungen wichtig ist, wird es noch einmal wiederholt.

Dann sammeln wir Richtungsangaben und stellen sie in bildlichen Zeichen dar, – und wir unterscheiden sie von Ortsangaben: „Wohin kann man überall fahren? – Wo kann überall sein?":

Tafelbild

Richtung (wohin?)		**Ort (wo?)**	
sich bewegen …		sich befinden …	
in etwas hinein	–◉	in etwas drin	⊗
auf etwas zu	–> O	auf etwas drauf	⊗
zu jemandem hin	–>O	bei jemandem	xO
nach etwas hin	–>O		

Wir sammeln, wie immer, zuerst einmal Sätze wie:

wohin:
(1) Ich fahre in die Stadt / in die Schweiz ……………………………
(2) Ich fahre in das schöne Köln / in das ferne Italien………………………
(3) Ich fahre nach Köln / nach Italien ……………………………
(4) Ich wandere auf den Berg………………………………………
(5) Ich fahre zu (dem) Onkel Felix………………………………
(6) Ich gehe zu (dem Kaufhaus) Ikea einkaufen ……………………

wo:
(1) Ich fahre in der Stadt / in der Schweiz umher ……………………
(2) Ich fahre in dem schönen Köln / in dem fernen Italien herum ……………
(3) In bin in Köln / in Italien………………………………………
(4) Ich wandere auf dem Berg entlang……………………………

(5) Ich bin bei Onkel Felix ....
(6) Ich spaziere in dem (im) Kaufhaus Ikea umher ....

Sicherlich sind auch Ausdrücke dabei von der Sorte *nach Karstadt (hin)*. Die meisten Schüler dieser Altersstufe aber werden dabei auch in Norddeutschland protestieren.

Dass man so nicht sagt, wissen sie; warum nicht, weiß niemand – wahrscheinlich auch die Lehrerin nicht. Doch an der Reihe der unzweifelhaften Beispiele ist einiges deutlich zu erkennen: *Nach Berlin, nach Italien* bezweifelt niemand, doch wenn man attribuiert, erscheint plötzlich *in das schöne Berlin, in das ferne Italien*, und allenfalls beharrt hier noch der eine oder die andere auf der Präposition *nach*, die meisten aber tun das nicht.

Schauen wir uns die Sätze genauer an und experimentieren wir ein bisschen damit (siehe unsere Beispiele). Zuerst einmal: Warum sagt man nicht *ich fahre in Berlin*? Warum dagegen *ich fahre in die Stadt Berlin* oder *in das schöne Berlin*? Dass Berlin eine Stadt und dass sie schön ist, daran wird es sicher nicht liegen. Was hat *die Stadt Berlin* was *Berlin* allein nicht hat? – Etwas „davor"! Vor allem einen Artikel! Und was wird an dem Artikel deutlich, was am artikellosen *Berlin* nicht deutlich wird? – Dass jemand wohin fährt! Ohne Artikel fährt er nicht dorthin sondern dort herum: *Ich fahre in Berlin (herum)*. Und noch etwas: Nur wenn ich *Berlin* etwas hinzusetze, bekommt es einen Artikel. Ich sage nicht **das Berlin* – aber durchaus *das schöne Berlin*. Überprüfen wir's an anderen Städte- und Länder- und Inselnamen: Es ist immer so. Doch einige Länder fallen aus dem Rahmen; sie haben schon einen Artikel: *die Schweiz, die Türkei, der Iran, ...* Und so können wir dann auch sagen: *Ich fahre in den Iran*, nicht aber *in (den/die/das) Italien*.

Das ist durchaus einsehbar, wenn man es selbst erprobt hat: Ortsnamen, die einen Artikel haben, können am Kasus eben dieses Artikels zeigen, dass man eine Richtung angibt und nicht einen Ort; solche ohne Artikel können das bei der Präposition *in* jedoch nicht. Als Ländernamen mit Artikel stellen sie eine Ausnahme dar; doch die Nomen unserer Sprache überhaupt haben in aller Regel einen Artikel (*in die Schule, in die Stadt, in das Gebäude, in die Kirche, in die Schweiz...*), und so gesehen gliedern sich solche besonderen Ländernamen mit Artikel in die große Gruppe der Nomen ein, während die artikellosen Namen in der Sprache insgesamt eine Besonderheit darstellen.

Für solche Besonderheiten benötigt man auch bei Richtungsangaben eine besondere Form, die eindeutig macht, wohin die Reise geht; und da das nicht die Präposition *in* sein kann (wegen der Verwechslungsmöglichkeit von Ort und Richtung), ist man auf *nach* ausgewichen. Aber eben nur dort, wo der Artikel nicht stehen kann. Im Hochdeutschen ist die Richtungsangabe mit *nach* die markierte, die Ausnahme, die Besonderheit. Die Richtungsangaben mit *in, auf, zu* sind die unmarkierten, normalen.

Unsere Sammlung von Ausdrücken macht das ja auch deutlich. Wir könnten eine fast unübersehbare Menge von Nomen zusammentragen, bei denen die Richtungsangaben mit *in, auf, zu* kombiniert sind, da eben alle diese Nomen mit einem Artikel stehen können; aber die Kombinationen mit *nach* sind beschränkt auf die artikellosen Ortsnamen.

Aber sind *Karstadt, Ikea, McDonald's* nicht auch artikellos? Und warum darf man dann wenigstens hier nicht *nach McDonald's* gehen? Die Antwort ist etwas kompliziert und vielleicht nicht ganz einsehbar für Schüler, die partout beim *nach* bleiben wollen. Diese Namen sind keine Orts-, sondern Personennamen oder ihnen nachgebildete Firmennamen. Bei ihnen gibt es nicht die Konkurrenz von *in* und *nach* wie bei den Ortsnamen, sondern die von *zu* und *nach*. Die Präposition *zu* kennt aber keine Alternative von Ort und Richtung wie *in*; da das örtliche *zu* immer Richtung angibt, ist ein Ausweichen auf eine andere Präposition nicht nötig. Außerdem kann man bei solchen Firmennamen, wie bei den Personennamen (*zu der Frau Müller, zu der Ines*), stets ein Nomen mit einem Artikel mitdenken: *zu dem Kaufhaus Karstadt, zu dem „anderen Restaurant" McDonald's* usw.

Ein oder zwei Stunden werkstattorientierter Grammatikunterricht, nur um einen bei einigen Kindern nicht standardgemäßen Sprachgebrauch zu berichtigen? Ist das nicht ein zu großer Aufwand? – Nun, für den Ertrag an Sprachrichtigkeit allein gewiss! Aber erstens hat man dabei mehr gelernt als nur die Verbesserung der Sprache; hat etwas über Richtungs- und Ortsangaben und ihre Beziehungen zu den Kasus gelernt; dass sich Richtungsangaben am Kasus der Artikel zeigen; hat erfahren, dass es unmarkierte (unauffällige, verbreitete) und markierte (besondere) Formen gibt; hat vielleicht eingesehen, dass Sprachstrukturen Unmissverständliches zum Ziel haben; und man hat zweitens eben nicht nur durch Belehrung erfahren, dass etwas in der Sprache so und so ist, sondern durch Betrachtung und Nachdenken warum es so ist. Das erst macht sprachliche Bildung aus.

Dass-Satz oder Das-Satz?

Welche Mühe haben wir uns im Rechtschreib- und Grammatikunterricht nicht schon gegeben, um die Schreibung von Dass-Sätzen zu sichern! Dennoch ist das Wörtchen *dass* bis heute das mit Abstand am häufigsten falsch geschriebene Einzelwort der deutschen Sprache geblieben. Hat der Unterricht nichts gefruchtet? Ist die Unterscheidung von *das/dass* tatsächlich so schwer? Haben wir vielleicht etwas falsch gemacht?

Richtungsangaben

Ich fahre (wohin?)	in	die	Stadt.	(hinein)
Ich fahre	___	___	Türkei.	(hinein)
Ich fahre	___	___	Schule.	(hinein)

Ich fahre (wohin?)	in	die	Stadt Berlin.	(hinein)
Ich fahre	___	___	Berlin.	(hinein)
Ich fahre	___	___	schöne Berlin.	(hinein)
Ich fahre	___	___	Italien.	(hinein)
Ich fahre	___	___	ferne Italien.	(hinein)
Ich fahre	___	___	Land Italien.	(hinein)

Ich fahre (wohin?)	auf	den	Schulhof.	(drauf)
Ich fahre	___	___	Berg.	(hinauf)
Ich fahre	___	___	Schule.	(zu)
Ich fahre	___	___	Sylt.	(zu)

Helmuth Feilke stellt einige Befunde zusammen, die Auskunft geben können über das, was tatsächlich im Unterricht bisher nicht richtig läuft: *„1. Die Konjunktion ‚das' (und er meint damit das geschriebene „dass", W. M.) ist von Anfang an da und spielt bereits ab dem erste Schuljahr eine Rolle in den Schülertexten. Sie ist grundsätzlich die häufigste Form (...) unter den ‚das'-Formen. 2. Das Demonstrativum ist eine starke Gruppe. 3. (...) Wo ist das Relativpronomen? Es ist so gut wie nicht existent. Offensichtlich spielt der Relativanschluss für die Satzverknüpfung und Textbildung nur eine nachrangige Rolle."* (1998, S. 10 f.)

Von allen Das-/Dass-Wörtern, die die Kinder bis zum 10. Schuljahr schreiben, ist in Feilkes Untersuchungen die Konjunktion *dass* mit zwischen 57 % und 75 % am häufigsten vertreten, das Demonstrativpronomen *das* mit rund 30 % am zweithäufigsten; der Artikel und das Relativpronomen *das* spielen eine untergeordnete Rolle. Das „macht die Verwechslungshypothese, nach der Relativpronomen und Konjunktion bei

Material

Ich fahre	(wohin?)	nach	____	Berlin.	(hinein)
Ich fahre		____	____	Italien.	(hinein)
Ich fahre		____	____	Sylt.	(hin)
Ich fahre		____	____	Stadt Berlin.	(hin)
Ich fahre		____	____	Land Italien.	(hin)
Ich fahre		____	____	Türkei.	(hin)
Ich fahre		____	____	(Kaufhaus)*Hertie	(hin).
Ich fahre		____	____	Tante Elli.	(hin)
Ich fahre		____	____	Müllers.	(hin)

Ich fahre	(wohin?)	zu	dem	Kaufhaus Hertie.	(hin)
Ich fahre		____	____	Hertie.	(hin)
Ich fahre		____	____	Tante Elli.	(hin)
Ich fahre		____	____	Müllers.	(hin)
Ich fahre		____	____	Bäcker.	(hin)

Vervollständige die Sätze.

---

der Schreibung verwechselt werden, zumindest textstatistisch ausgesprochen fragwürdig" (S. 11).

Im Unterricht aber gehen wir noch immer davon aus, dass die Kinder die Konjunktion *dass* mit dem Relativpronomen *das* verwechseln, indem wir ihnen Eselsbrücken anbieten wie „Wenn du *dieses* oder *welches* sagen kannst, schreibt man *das*." Doch erstens stehen sie genau vor dieser Alternative sehr selten, zweitens „verwechseln" sie gar nicht Konjunktion und Relativpronomen, denn das Relativpronomen wird, wenn es denn verwendet wird, so gut wie überhaupt nicht falsch geschrieben, und drittens können gerade die weniger sprachversierten Kinder *dieses* und *welches* meistens auch für *dass* einsetzen, da es ihnen ohnehin exotisch in den Ohren klingt: *Ich glaube dieses – du kommst.* Diese Ersatzprobe bringt also nichts.

„*Demonstrative Funktionen sind der Ausgangspunkt für die Ausdifferenzierung der Funktion von* dass *als Konjunktion. Das vorauszeigende* das *im paratak-*

Material

Das oder dass? – Achte auf das Verb im zweiten Satz!

Ich glaube, du <u>sagst</u> die Wahrheit.

Ich glaube dir **das**: Du <u>sagst</u> die Wahrheit.

Ich glaube dir, **dass** du die Wahrheit <u>sagst</u>.

Ich weiß, sie hat gelogen.

Ich weiß, _____ sie gelogen hat.

Ich weiß _____, – sie hat gelogen.

Ich sehe doch, du glaubst mir nicht.

Ich sehe _____ doch: Du glaubst mir nicht!

Ich sehe doch, _____ du mir nicht glaubst.

Ich meine auch, _____ Hausaufgaben sein müssen.

Ich meine auch, Hausaufgaben müssen sein.

Ich meine _____ auch: Hausaufgaben müssen sein!

Wie findest du, _____ sich der Felix verliebt hat?

Wie findest du _____? – Der Felix hat sich verliebt!

Ich glaube, _____ ist ein großes Unrecht.

Ich glaube, _____ das ein großes Unrecht ist.

Ich hoffe sehr, _____ passiert nicht noch einmal!

Ich hoffe sehr, _____ das nicht noch einmal passiert!

Ich spüre ganz deutlich, _____ das gelogen ist.

Ich spüre ganz deutlich, _____ ist gelogen.

Ich nehme an, _____ sich das als Irrtum erweist.

Ich nehme an, _____ erweist sich als Irrtum.

Ich weiß, _____ stimmt nicht.

Ich weiß, _____ das nicht stimmt.

Gleichlautende Das- und Dass-Sätze

Setze ein:

Das ist ein schwieriges Lied,	_____ ich nicht singen kann.
Zum Glück weiß niemand,	_____ ich nicht singen kann.
Niemand soll wissen,	_____ ich nicht lesen kann.
Das ist ein Geheimzeichen,	_____ ich nicht lesen kann.
Das ist das Spiel,	_____ er verloren hat.
Er ärgert sich,	_____ er verloren hat.
Ich glaube,	_____ ich morgen mit dem Rad fahren muss.
Das ist das Stück Weg,	_____ ich morgen mit dem Rad fahren muss.
Ich freue mich darauf,	_____ ich morgen einkaufe.
Das ist das Kleid,	_____ ich morgen einkaufe.
Sie war wieder so gesund,	_____ sie mit viel Appetit aß.
Sie kaufte sich ein Stück Torte,	_____ sie mit viel Appetit aß.
Alle lachten darüber,	_____ er sich unter dem Tisch versteckt hatte.
Er fand das Buch wieder,	_____ er sich unter dem Tisch versteckt hatte.

Material

tischen Zusammenhang ‚Ich glaube das. Du kommst.' bereitet die Aneignung der Inhaltsform der Konjunktion vor." (Ebda., S. 22)

Aufeinander folgende Sätze wie *Ich glaube dir das:* ➜ *Du sagst die Wahrheit!* sind die Ursprünge von Satzgefügen wie: *Ich glaube dir, dass* ➜ *du die Wahrheit sagst.* Das vorausweisend als Objekt im Hauptsatz stehende Demonstrativpronomen *das* wird eliminiert und sozusagen zwischen Haupt- und Nebensatz verschoben, wo es als Konjunktion *dass* erscheint, die den Nebensatz einleitet. Dieses Mitdenken des demonstrativen *das* scheint einer der Hauptgründe dafür zu sein, dass statt der Konjunktion ein Demonstrativum gedacht wird, – ein durchaus plausibler Fehlschluss, der dann zu dem verbreiteten Schreibfehler führt.

Hier setzen wir mit unseren experimentellen Verfahren an! Wir bieten den Kindern (etwa im 5.–7. Schuljahr) Sätze in der Ichform an, die ein subjektives Verb des Denkens, Sagens, Sehens und Fühlens enthalten, also die verbreitetste Form von Hauptsätzen, die einen Objektsatz mit *dass* eröffnen, und lassen sie diese Sätze mit Inhaltssätzen verbinden:
Ich glaube/sehe/weiß/ … – Du hast Recht / Ihr geht es gut …

Solche Sätze können auf dreierlei Weise in Beziehung zueinander gesetzt werden:
1. *Ich weiß, du hast Recht. – Ich sehe, ihr geht es gut.*
2. *Ich weiß **das**, du hast Recht. – Ich sehe **das**, ihr geht es gut.*
3. *Ich weiß, **dass** du Recht hast. – Ich sehe, **dass** es ihr gut geht.*

1. und 2. sind Hauptsatzverbindungen, 3. sind Haupt-/Nebensatz-Gefüge.

Bei der Betrachtung solcher Sätze brauchen die Schüler die Begriffe Haupt- und Nebensatz durchaus noch nicht zu haben. Doch ganz genau hinschauen müssen sie schon – und beschreiben, wie sie sich unterscheiden. Die *das/dass* werden markiert; die Verben in den zweiten Sätzen werden unterstrichen; es wird genau beschrieben, wo die Kommas stehen; und die Unterschiede werden genau gekennzeichnet. Die *das/dass* werden markiert, die Verben werden unterstrichen.

Unterschiede, Unterschiede! Haben wir nicht gelernt, dass man damit die Kinder erst auf dumme Gedanken bringt und unsicher macht? Das mag für viele andere Fälle in der Rechtschreibung gelten. Hier aber sind es genau jene Zweifel, die die Kinder ohnehin schon haben und die wir ihnen nur bewusst machen wollen. Da kommen wir ohne die Berücksichtigung der Unterscheidungen, die ja, nur undeutlich, bereits in ihren Köpfen sind, nicht aus. Lassen wir sie dann solche Kombinationen selbst bilden – und dabei markieren und unterstreichen:
Sarah weiß, glaubt, nimmt an, hofft, meint, denkt, möchte, …
– Markus spielt morgen mit.

Danach erst prägen wir feste Muster, die nur nach der einen syntaktischen Form gebildet sind und in die man die Kommas und *dass* einsetzen muss. Aber immer wieder: Das Verb am Schluss unterstreichen!
Ich habe gewusst/geahnt/angenommen/geglaubt …
– _____ Tina nicht zu Hause ist. / _____ Jakob die Wahrheit gesagt hat. / …

Bei den im Material auf Seite 96 angebotenen Satzalternativen müssen die Schüler das gelernte Musterwissen anwenden. Das ist aber kein blindes Üben, sondern üben mit Verstand! Die Aufmerksamkeit wird noch einmal auf die Verben gerichtet, die zu unterstreichen wären.

Verwechselt werden das Relativpronomen *das* und die Konjunktion *dass* zwar so gut wie nicht, so dass eine Gegenüberstellung von Relativ-

und Konjunktionalsätzen eigentlich nicht nötig wäre. Aber Einsichten gewinnt man in die unterschiedlichen Beziehungsstrukturen durch solche Gegenüberstellungen doch. Deswegen wollen wir einmal einige etwas exotische Alternativen anbieten, an denen die Schüler (dann allerdings erst im 8./9. Schuljahr) ihr Nachdenken über Sprache schulen können. Wir gehen von einem Nebensatz aus, der so lauten könnten: ... *dass/das sie nicht lesen kann,* – und lassen dazu einmal Hauptsätze bilden, die diesem Nebensatz vorausgehen könnten. Dabei kann dann etwa Folgendes herauskommen:
Keiner weiß / Keiner ahnt / Niemand soll wissen / Es ist nun einmal leider so / ..., dass sie nicht lesen kann.
– oder: *Das ist ein Buch / Das ist ein Geschreibsel / Das ist ein Geheimzeichen / ..., das sie nicht lesen kann.*

Wir betrachten und beschreiben nun das Beziehungsgeflecht solcher Satzgefüge und notieren:

Vorausweisend, Inhalt des Verbs eröffnend, Objektsatz:
Niemand soll wissen,   *dass* ➡ *sie nicht lesen kann.*

                                   dass: Haupt- und Nebensatz verbindend.

Zurückweisend, Inhalt des Nomens erweiternд, Attributsatz:
Das ist ein Geheimzeichen,   ⬅ *das sie nicht lesen kann.*

                                  das: zum Nebensatz gehörend,
                                  Objekt des Nebensatzes.

Vom Aufbau der Wörter mit dem so genannten „Dehnungs-h"

Auch bei den folgenden werkstattorientierten Experimenten wird der eine oder die andere vielleicht einwenden, was dies eigentlich mit Grammatik zu tun habe. „Das ist doch Rechtschreibung!" Ich kann darauf nur antworten: Rechtschreibung hat mehr mit Grammatik zu tun, als manche es sich vorstellen können. Zumindest geht es immer um Sprachreflexion, wenn wir uns mit dem Aufbau von Wörtern näher befassen und etwas von dessen Gesetzmäßigkeiten erfahren wollen.

Natürlich können wir einfach lernen, dass Wörter so und nicht anders geschrieben werden, mit h oder ohne h also, obwohl das etwas langwierig ist und das Erlernen eines jeden neuen Wortes aufs Neue notwendig macht. Der grundwortschatz-orientierte Rechtschreibunterricht hatte darauf seine größte Aufmerksamkeit gerichtet. Mit Recht wird heute aber gefragt „wie die Suchbewegungen der Kinder beim Lösungsprozess in die für die Orthographie relevanten Bahnen gelenkt werden können. Den Kindern Strategien in die Hand zu geben, Untersuchungsmethoden sozusagen, mit deren Hilfe sie zu Sprachwissen (…) gelangen, ist eine mögliche Antwort (auf die Frage)." (Gabriele Hinney 1994, S. 30)

Gehen wir hier den Weg vom Sammeln von Wörtern über das Erweitern des Wortbestandes, der genauen Analyse der Wörter bis hin zur Formulierung einer (möglichen) Regularität, die es möglich macht, Transferprozesse selbstständig durchzuführen. Unser Ziel: Man muss Wörter wie *Kufe, Krake, Nabel, sich schämen, grölen, quälen* usw. nicht auswendig gelernt haben, wenn man sie denn einmal richtig schreiben möchte, man muss sie auch nicht nachschlagen, sondern man kann erfahrbar machen, warum sie nicht mit h geschrieben werden können. Das aber wollen wir mit den Kindern gemeinsam ermitteln.

Sind aber Schülerinnen und Schüler überhaupt an einer solchen Ermittlung interessiert? Eine kürzlich durchgeführte Untersuchung (Examensarbeit an der Universität Hildesheim) in Hauptschulen (103 Probanden der 8. Klasse) hat Folgendes ergeben:

1. Die Schülerinnen und Schüler schrieben das Wort *grölen* zu rund 62 % mit einem h: **gröhlen* (kein Unterschied bei Mädchen und Jungen). Übrigens schrieben es auch 52 % befragter Studentinnen und Studenten falsch! (Die richtige Schreibung scheint also Glückssache zu sein!)
2. 85 % der Jungen und Mädchen wollten wissen, ob sie dieses Wort richtig geschrieben hatten (kaum ein Unterschied zwischen Mädchen und Jungen).
3. 76 % von ihnen würde es interessieren, ob es für die Schreibung eine Regel gibt (70 % der Jungen, 84 % der Mädchen!). Von den befragten Studentinnen und Studenten waren rund 94 % der weiblichen und 78 % der männlichen Probanden daran interessiert.
4. Immerhin halten es noch 53 %der Schüler für wichtig, dass man ein solches Wort auf eine ganze bestimmte Weise schreiben muss (kein Unterschied).

Das Interesse an so etwas wie einer orthographischen Gesetzmäßigkeit ist also vorhanden – bei Mädchen in höherem Maße als bei Jungen. Und es dürfte wahrscheinlich bei sprachinteressierten (Real- und Gymnasial-) Schülern etwas höher sein als bei schwächeren Schülern. Nehmen wir es also wahr!

Alles beginnt mit der Problemformulierung: Häufig wissen wir nicht, ob ein Wort mit einem h oder ohne h geschrieben wird. Meistens bleibt uns dann nichts anderes übrig, als im Wörterbuch nachzuschlagen. Wir könnten uns das ersparen, wenn wir so etwas wie eine Regel kennen würden, nach der ein Wort geschrieben wird. Gibt es eine solche Regel beim Dehnungs-h überhaupt? Wir wollen einmal auf Entdeckungsreise gehen!

Eine solche Entdeckungsreise machen wir natürlich im Rahmen einer selbstständigen Einheit über Rechtschreibung und Sprachreflexion. Dabei gehe ich hier davon aus, dass irgendwann das Dehnungs-h schon einmal problematisiert worden ist – und vom silbentrennenden h (zwischen zwei Vokalen: *Ehe, höher, Schuhe, Uhu, aha* usw.) unterschieden worden ist.

Damit nun unser Experiment nicht ausufert, benötigen wir einige Spielregeln für das Aufstellen einer solchen Wortliste:
1. Die Wörter sollen aus ein oder zwei Silben bestehen (also keine zusammengesetzten Wörter!);
2. sie sollen einen gedehnten, langen, Vokal haben wie *sehr, Schal* oder *zählen*, – aber möglichst kein langes i (denn das wird meistens ie geschrieben), auch keinen Doppelvokal wie *Schnee* und keinen Zwielaut wie in *Scheune* oder *Traum* und *Beine*);
3. es sollen möglichst keine Fremdwörter sein wie zum Beispiel *Pedal* oder *Krokus* (denn die werden sowieso oft ein bisschen anders geschrieben).

Jeder Schüler sucht solche Wörter aus Zeitungsausschnitten heraus (siehe Collage S. 102) und schreibt einige davon auf einen Zettel. Beim Vorlesen wird zunächst einmal ausgeschieden (wieder durchgestrichen), was der Spielregel nicht entspricht. Die Tafel ist bald voll solcher Wörter. Neben ihnen lässt die Lehrerin Platz für eine Erweiterung der Wortsammlung durch mögliche Reimwörter, die die Kinder gemeinsam suchen. Und so könnte eine erste solche Sammlung (siehe S. 103) aussehen:

Diese meine Sammlung hier hat allerdings schon System. Ich habe nämlich darauf geachtet, dass die erste und zweite Silbe der Wörter mit möglichst vielen verschiedenen Konsonanten beginnt: von *br* bis *t* am Wortanfang und von *b* bis *t* am Wortende oder am Anfang der zweiten Silbe. Sollten Sie selbst einige dieser Wörter aus meiner Liste später einmal an der Tafel hinzufügen wollen, so wäre das für die anschließende gemeinsame Arbeit eine Hilfe. Ohnehin müssen Sie für die weitere Arbeit aus den von den Schülern gesammelten Wörtern eine Gesamtliste schreiben und kopieren, damit man sie bei der Feinarbeit dann vor Augen hat.

Was bei einer Auszählung der Wörter mit bzw. ohne h als erstes auffällt – und formuliert werden kann: Die überwiegende Zahl der Wörter mit einem langen Vokal in der ersten betonten Silbe wird ohne h geschrieben. Markieren wir uns also einmal die „Ausnahmen"! (Das Dehnungs-h ist tatsächlich eine Besonderheit bei der Schreibung von Wörtern; es kommt nach meinen Erhebungen in etwa 150 deutschen Alltagswörtern vor, das sind 6 % der Wörter eines 2500 Wörter umfassenden Grundwortschatzes). Diese 150 Wörter sind jedoch besonders fehleranfällig; aber nicht nur sie, sondern auch die noch größere Anzahl der Wörter, die in Konkurrenz (sprich: Analogie) zu ihnen stehen – wie eben *grölen* oder die Alltagswörter *sparen, geboren, hören, klar, Kram, nämlich, Plan, sparen, stören, Trä-*

ne usw., die besonders häufig mit h geschrieben werden. Es geht also um rund 400 Wörter, über die wir etwas Genaueres wissen wollen.

Sehen wir sie uns an! Da steht *Schalen* neben *Zahlen*, *lahmen* neben *kramen*, da gibt es *fühlen, Stühle, Schüler, prüfen, Brüder* usw. Das sieht so aus, als sei alles ganz willkürlich. Und tatsächlich nehmen ja manche an, in der Rechtschreibung gehe es ziemlich chaotisch zu. – Wie aber bringen wir eine erste Ordnung in dieses „Chaos"? Eine der wichtigsten Aufgaben bei allem Nachdenken über Sprache besteht darin, sich die Syntax anzu-

Tafelbild

Mögliche Wörtersammlung:	Mögliche Reimwörter dazu:
Gabel	Nabel
Bruder	Luder
Stufe	Kufe
Tafel	Geschwafel
fragen	sagen
Segel	Regel
kokeln	stokeln
Haken	Schnaken
Fühler	Schüler
Zahlen	Schalen
malen, mahlen	Qualen
zählen	quälen
Namen	kamen
angenehm	bequem
lahmen	kramen
ohne	Bohne
schonen	klonen
Lupe	Hupe
Gefahren	Scharen
mehr	sehr
quer	schwer
Flöte	Kröte
treten	beten
Weg	Steg
neben	Leben
vor	Ohr
Zug	Flug
schöne	Söhne
grün	kühn
führen	Türen
dem	Lehm
Bahn	Kran
her	mehr
gegen	legen
ihr	mir
lagen	fragen
jeder	weder
vor	Ohr
grüßen	büßen
tun	ruhn
gut	Mut
Ton	schon
nahm	kam

Material

Spurensuche: Dehnungs-h – oder nicht?

Das so genannte „Dehnungs-h" ist ein Buchstabe, der aus folgendem Grund in eine Anzahl von Wörtern hineingeraten ist: Man wollte betonten Silben mit einem langen Vokal, an deren Ende ein kleiner, unauffälliger Buchstabe steht wie *l, m, n* oder *r*, mehr Gewicht verleihen. So sollte jeder Leser sehen können: Solche Silben werden lang ausgesprochen: _Höhle_, _Rahmen_, _Söhne_, _Bahre_.

Vor den auffälligeren Buchstaben wie *b, d, f, g, k* usw., die eine Ober- oder Unterlänge haben, hat man ein solches Dehnungs-h nicht eingefügt, weil diese Buchstaben deutlicher ins Auge springen: _Nebel_, _Feder_, _Hafen_, _Lüge_, _Laken_.

In den weitaus meisten Wörtern mit einer langen ersten Silbe steht also kein Dehnungs-h. Was aber noch verwirrender ist: Es steht auch nicht immer vor *l, m, n, r*: _Stühle_ aber _Schüler_, _stöhnen_ aber _schön_. Das ist für Schreibende manchmal ein Problem.

Ein Dehnungs-h steht in langen Silben nur vor *l, m, n* und *r*: Bei *lahm* und *Ohren*, *sehr* und *Mohn*, – bei *Zahl* und *lahm*, *Gefahr* und *Sohn*.

Vor anderen Konsonanten steht es nie!

Es steht aber auch niemals nach *gr-, kr-, p-, sp-, sch-* und *t*: Bei *Ton* nicht und bei *Spule* nicht, – bei *Kran*, bei *Poren*, *Schule* nicht.

schwö:ren	Spu:r	scho:nen	grö:len	Stre:ber
ste:len	sich grä:men	Schwa:n	Ku:le	Scha:r
Sche:re	Tra:n	Kü:bel	Trä:nen	Spa:nferkel
Stra:fe	Spu:le	Me:l	Spo:ren	spü:len
Strä:ne	Kra:l	Kra:n	Kra:m	pu:len
La:ken	Kro:ne	Krü:mel	Sta:l	schwü:l
schä:len	He:fe	Fa:den	To:rheit	Scha:l

Wenn du die Hinweise oben beachtest, kannst du die Wörter sicher richtig aufschreiben.
Und so kannst du verfahren:
a) Schreibe zuerst die Wörter auf, bei denen du sicher bist, dass kein Dehnungs-h steht.
b) Schreibe dann alle Wörter auf, bei denen du sicher bist, dass ein Dehnungs-h steht.
c) Richte dich bei den übrigen Wörtern nach den Regeln.
d) Schlage im Zweifelsfall sicherheitshalber nach!

schauen. Ja, die Syntax! Die Umgebung derjenigen Einheit, die wir näher unter die Lupe nehmen wollen. – Hier also die Umgebung, in der ein h oder keines steht.

Wir forschen also zuerst danach, was nach dem Langvokal bzw. dem h für ein Buchstabe steht. Und wir unterstreichen dann alle diese Buchstaben, am besten diejenigen nach dem h rot, diejenigen direkt nach dem Vokal blau oder grün. Was wir dabei als Erstes herausbekommen ist Folgendes:

(1) Es gibt Konsonanten, vor denen wir in unserer Wortsammlung kein h finden: *b, d, f, g, k, p, s, t.*

(2) Es gibt andererseits Buchstaben, vor denen ein h stehen kann: *l, m, n, r.* Wir müssen das natürlich überprüfen! Wer ein Wort zur Gruppe (1) findet, in dem ein h steht, bekommt einen Entdeckerpreis! Vielleicht findet ja jemand *Naht* oder *Draht*. Wenn ein Reimwörterbuch in der Klasse ausliegt, könnte man schnell auf ein solches Wort stoßen. Doch das muss der Lehrer erklären: *Naht* kommt von *nähen*, und *Draht* kommt tatsächlich von *drehen*. Hier ist nämlich das alte silbentrennende h in die Nomen hineingerettet worden, – übrigens anders als bei *Glut, Blüte*, die ja auch von entsprechenden Wörtern mit einem solchen h herstammen: *glühen, blühen*. Also das sind ganz besondere Wörter! Aber sonst wird man keine finden.

Im Anschluss daran schauen wir uns die übrigen Wörter an: die der Gruppe (2). Vor *l, m, n, r* kann ein Dehnungs-h stehen, was manche zu dem Merkspruch veranlasst hat: „Vor l, m, n, r – merk dir ja: steht manches Mal ein Dehnungs-h." Doch es steht halt nicht immer da. (Übrigens stehen hier 150 Alltagswörtern mit h rund 80 ohne h gegenüber.) Es lohnt sich auch diese Wörter im Hinblick auf ihre Buchstabenumgebung genau anzuschauen: Welche Buchstaben stehen hier vor dem langen Vokal? Wir unterstreichen noch einmal – und kommen zu folgendem Ergebnis:

(3) In Wörtern, deren Stamm mit einem Buchstaben oder einer Buchstabenkombination wie *sch, t, qu, kl, kr, p, pl, gr, sp* beginnt, finden wir kein h.

Auch das gälte es erst noch zu überprüfen. Hier hilft ein normales Wörterbuch. Einen Entdeckerpreis wird leider niemand erhalten!

Wir sehen also: *grölen* wird nach einer Art Regel geschrieben, die es gibt. Kann man sie auch erklären? – Am ehesten so: Ein Dehnungs-h hat man einmal deswegen eingesetzt, damit die Menschen beim Lesen der Wörter auf einen langen Vokal aufmerksam werden. Das tat man aber nur in solchen Wörtern, in denen der folgende Konsonantenbuchstabe klein und unauffällig ist, also vor *l, m, n, r*; viele der anderen Buchstaben wie *b, d, g* usw. haben eine auffälligere Ober- bzw. Unterlänge, so dass ein besonderes Signal nicht nötig war. Auch nach Buchstaben, die schon ein h haben – oder hatten (wie sch und die vielen Wörter, die früher mit th geschrieben wurden) oder die am Wortanfang eine sehr auffällige Buchstabenkombination haben, verzichtete man auf das Dehnungs-h. Ob das Legende ist – oder Tatsache? Jedenfalls ist eine recht plausible Erklärung.

„Sie ist größer als wie ich" – Steigern und Vergleichen

Schon im 2./3. Schuljahr wird mit Begriffen wie „Wiewort" oder „Adjektiv" hantiert, hier und da auch schon etwas Präziseres über sie ausgesagt, als dass es sich bei diesen Wörtern um Wiewörter handelt. Hier und da heißt es: „Adjektive lassen sich steigern." Und wenn ein Sprachbuch anregend ist, werden die Kinder auch zum Vergleichen ermuntert: *Lisa ist größer als Felix, Der Kirchturm ist höher als das Haus* usw. Dabei wird dann, ohne ihn freilich zu benennen, der Komparativ eingeführt; „Steigerungsstufe" heißt es da manchmal. Und es werden Sprachübungen angeschlossen, mit deren Hilfe der gar nicht so seltene Fehler *größer wie* oder gar *größer als wie* ausgemerzt werden soll. „Man sagt: *genauso groß wie*, aber *größer als.*"

Wenn dann im 5./6. Schuljahr solche Fehler noch immer gemacht werden, kann es mancher Lehrerin den sprachsensiblen Magen umdrehen. Wenn auch in der Alltagssprache der Sprachgebrauch *größer wie* weit verbreitet ist, sollte er zumindest in der geschriebenen Sprache vermieden werden, so wird argumentiert – und ich stimme dem zu. Das Vergleichswort beim Komparativ ist in der heutigen Standardsprache nun einmal *als* und nicht mehr, wie es früher durchaus üblich war, *wie*. Heinrich Heine konnte noch schreiben: „Der Sarg muss sein noch größer / wie's Heidelberger Fass" und sogar: „Und holt mir auch zwölf Riesen, / die müssen noch stärker sein / als wie der starke Christoph / im Dom zu Köln am Rhein." Aber in welchen Fällen steht in einem Vergleich heute *wie* – und in welchen Fällen *als*? Es ist ja nicht einfach so, dass bei einem Vergleich zweier Dinge, die ungleich sind, in jedem Falle ein *als* stehen muss, wie folgende Sätze zeigen:
a) *Dieses Haus* ist **größer als** *jenes.*
b) *Es ist doppelt* **so groß** wie *jenes.*
Der Satz a zeigt, dass beim grammatischen Komparativ ein *als* steht. Der sprachbewusste Mensch würde hier ein *wie*, obwohl es vorkommt, als ungrammatisch einstufen. Der Satz b zeigt jedoch, dass bei semantischer Ungleichheit, die nicht mit dem Komparativ gebildet wird, ein *wie* steht, wiewohl hier auch ein *als* vorkommt, das viele nicht als ungrammatisch empfinden.

Der Duden gestattet beides: „Aber auch beim Positiv – bei der Grundstufe des Vergleichs – treten Schwankungsfälle auf. In einigen Verbindungen gelten wie und als beide als korrekt: (…) *Die Ernte ist doppelt so groß wie/als im vorigen Jahr.*" (Richtiges und gutes Deutsch, 1985, S. 42). Und der Grammatik-Duden schreibt, dass dies davon abhängig ist, „(…) ob die (formalgrammatische) Gleichheit (*so groß wie*) betont wird, was häufiger ist, oder aber die (sachliche) Ungleichheit (*doppelt so groß als*)" (Duden 1998, S. 305). Dabei gehen die Duden-Verfasser davon aus, dass semantische Ungleichheit mit *als* zumindest signalisiert werden kann. Dies aber trifft z. B. bei semantischer Ungleichheit, die mit *nicht* gekennzeichnet wird, keineswegs zu: *Die Ernte ist nicht so groß wie im vorigen Jahr.* Hier sagt niemand *als*!

Erweitern wir unsere sprachliche Kompetenz einmal um einige Schritte und begnügen wir uns nicht einfach damit, dass wir sagen: So ist es nun einmal! Die Schritte, mit denen wir gemeinsam mit den Schülerinnen und Schülern zu Erkenntnissen gelangen wollen, sind:
1. Das Problem beschreiben,
2. Beispiele sammeln,
3. Beispiele ordnen,
4. Gegenbeispiele bilden,
5. Beispiele umformen,
6. Vergleichen, Gegenüberstellen,
7. Kategorisieren.

1. Beschreiben wir mit den Schülern zunächst einmal das Problem. Was tun wir eigentlich, wenn wir sagen, etwas sei *größer als* oder *wie etwas anderes*? Die Schüler kennen dies unter dem Begriff des „Steigerns". Was heißt aber steigern? „Mehr werden, eben größer, zunehmen …", so werden sie es umschreiben. Aber ist *kleiner* dann auch eine Steigerung? Es ist doch Verringerung, Abnahme, weniger – und nicht mehr! – Wenn wir nach einem Begriff suchen, der Steigerung nach „oben" und nach „unten" umfasst, dann kommen wir auf den des „Vergleichens". Und bei einem Vergleich kann zweierlei gleich oder ungleich sein: *so wie* oder *anders als*. Was aber können wir eigentlich alles vergleichen? – Die Eigenschaften oder Merkmale von Dingen, Personen, Lebewesen usw.:
Der Turm ist genau so hoch wie der Mast.
Der Turm ist höher als der Mast.
Der Mast ist niedriger als der Turm.
Auch Tätigkeiten und Seinszustände von Menschen z. B. können wir vergleichen:
Petra sieht genau so aus wie ihre Schwester.
Petra sieht anders aus als ihre Schwester.
Jimmy geht wie Donald Duck.
Jimmy geht als Donald Duck.
Sogar Eigenschaften selbst kann man vergleichen:

Zum Ausfüllen:

(1) Bei Vergleichen mit Adjektiven, in denen die Eigenschaften gleich sind, verwendet man _____ .der Adjektive.

Das Vergleichswort ist in solchen Fällen _____ .

(2) Bei Vergleichen mit Adjektiven, in denen die Eigenschaften ungleich sind, verwendet man _____ der Adjektive.

Das Vergleichswort ist dabei _____ .

(3) Bei Ungleichheit, die mit *nicht* gebildet ist, steht als Vergleichswort _____ . Bei Adjektiven wie *doppelt, halb*, usw. steht _____ .

(4) Bei Vergleichen der Art *A … wie B* sind die Positionen A und B umkehrbar / nicht umkehrbar, die Adjektive bleiben gleich / es werden „Gegenteile" verwendet.

(Bitte das Zutreffende unterstreichen!)

(5) Bei Vergleichen der Art *A … als B* sind die Positionen A und B umkehrbar / nicht umkehrbar, die Adjektive bleiben gleich / es werden „Gegenteile" verwendet.

(Bitte das Zutreffende unterstreichen!)

(6) Bei Vergleichen mit Verben, in denen die Tätigkeiten gleich oder ähnlich sind, steht als Vergleichswort _____ .

(7) Bei Ungleichheiten steht das Wort _____ .

Dieses Wort verhält sich dabei wie _____ der Adjektive.

(8) Bei Ungleichheit, die mit *nicht* gebildet ist, steht bei Verben das Vergleichswort _____ .

Material

Material

Vergleiche mit „als" oder „wie"

(1.1) Nach München ist es von hier aus **so weit** _____ nach Flensburg.

(1.2) Dann ist es nach Flensburg _____ nach München.

(2.1) Nach München ist es **weiter** _____ nach Kassel.

(2.2) Dann ist es nach Kassel _____ nach München.

(3.1) Nach München ist es **doppelt so weit** _____ nach Kassel.

(3.2) Dann ist es nach Kassel _____ nach München.

(4.1) Sarah ist **genauso groß** _____ ihr Bruder Toni.

(4.2) Dann ist Toni _____ seine Schwester.

(5.1) Sarah ist **größer** _____ ihre Freundin.

(5.2) Dann ist ihre Freundin _____ Sarah.

(6.1) Sarah ist **nicht so groß** _____ ihre Freundin.

(6.2) Dann ist ihre Freundin _____ Sarah.

(7.1) Sarah sieht **so** aus _____ ihre Schwester.

(7.2) Dann sieht ihre Schwester aus _____ Sarah.

(8.1) Sarah sieht **nicht so** aus _____ ihre Freundin.

(8.2) Ihre Freundin sieht _____ aus _____ Sarah.

(9.1) Tina kommt _____ ein Model in die Schule.

(9.2) Ein Model sieht dann _____ ähnlich aus _____ Tina.

(10.1) Tina geht _____ Model zum Fasching.

(10.2) Geht dann ein Model auch _____ Tina zum Fasching?

Ja _____ Nein _____

(bitte das Zutreffende ankreuzen)

Lila ist so ähnlich wie violett.
Rosa ist blasser als rot.
Gleichheit, Ähnlichkeit – oder Ungleichheit, Anderssein!
   Aber warum nehmen manche Menschen in der Umgangssprache so gern das Wörtchen *wie* bei beiden Vergleichen? – Schaut man sich die Vergleiche, die Ungleichheiten kennzeichnen, genau an (*höher, niedriger, blasser, anders*), so stellt man fest, dass sie stets ein eigenes Signal haben (die Steigerungsform oder das Wörtchen *anders*; manche steigern sogar selbst dieses Vergleichswort: *anderser*). Man brauchte eigentlich nicht noch durch ein zweites Wort (wie *als*) zu signalisieren, dass hier Ungleichheit herrscht. Vielleicht empfinden manche diese Redundanz tatsächlich als überflüssig. – Und außerdem kommt das Vergleichswort *wie* häufiger vor. Vielleicht geht es manchen deswegen leichter über die Lippen. Beides wäre plausibel. Das Englische macht es ähnlich wie das Deutsche:
as big as (so groß wie) – *bigger than* (größer als)
oder aber, wenn es sich nicht um reine Adjektive handelt:
as beautyful as – *more beautiful than* (mehr schön als).
Das Französische steigert nicht innerhalb des Adjektivs mit einem Komparativ, sondern nur außerhalb:
aussi grand que (so groß wie) – *plus grand que* (mehr groß wie)
Man sieht: Es geht auch anders!

2. Wir sammeln Satzbeispiele für Dinge, Eigenschaften und Tätigkeiten, die sich gleichen oder ähnlich sind, nach dem Muster: A gleich/ähnlich B und schreiben sie an die Tafel. Dabei unterstreichen wir die Vergleichswörter:
Pitt ist genau so groß wie Patt.
Fixi sieht so aus wie Foxi.
München ist so weit entfernt wie Kiel.
Sandra geht wie eine Ente.
Toni geht als Donald Duck zum Fasching.

3. Wir ordnen diese Beispiel danach, was hier verglichen wird:

Eigenschaften von Lebewesen, Dingen	Tätigkeiten, Zustände von Lebewesen
Pitt ist genau so groß wie Patt.	*Fixi sieht so aus wie Foxi.*
München ist so weit wie Kiel.	*Toni geht als Donald Duck.*
	Sandra geht ähnlich wie eine Ente.

4. Wir bilden Gegenbeispiele dazu, in denen die Eigenschaften, Tätigkeiten und Zustände ungleich sind:

Eigenschaften	Tätigkeiten, Zustände
Pitt ist nicht so groß wie Patt.	*Fixi sieht nicht so aus wie Foxi.*

Patt ist größer als Pitt.
Patt ist doppelt so groß wie Pitt.
München ist weiter entfernt als Kiel.
Es ist doppelt so weit entfernt wie Kiel.

Fixi sieht anders aus als Foxi.
Sandra geht nicht wie eine Ente.
Sandra geht ganz anders als eine Ente.
Toni geht nicht als Donald Duck.

5. Wir versuchen einmal diese Sätze so umzuformen, dass wir jeweils die Ausgangsgröße des Vergleichs mit der Zielgröße austauschen. Also: Was passiert, wenn wir das Nomen oder den Namen, der im Vergleich an zweiter Stelle steht, an die erste Stelle setzen: *Wenn Pitt genau so groß wie Patt ist*, dann ist auch *Patt genau so groß wie Pitt.* usw. Doch bei Ungleichheiten sieht es meistens anders aus.

Eigenschaften von Dingen und Lebewesen:
Wenn: *Pitt genau so groß ist wie Patt,*
dann: *ist Patt genau so groß wie Pitt.* (Umkehrbar)
Wenn: *Patt größer ist als Pitt,*
dann: *ist Pitt ist kleiner als Patt.* (Das Adjektiv wird in sein Gegenteil verkehrt.)
Wenn: *Patt doppelt so groß ist wie Pitt,*
dann: *ist Pitt halb so groß wie Patt.* (Das Adjektiv wird verändert.)
Wenn: *München so weit ist wie Kiel,*
dann: *ist Kiel so weit wie München.* (Umkehrbar)
Wenn: *München weiter ist als Kiel,*
dann: *ist Kiel näher als München.* (Das Adjektiv verändert sich.)

Tätigkeiten, Zustände von Lebewesen:
Wenn: *Fixi aussieht wie Foxi,*
dann: *sieht Foxi auch aus wie Fixi.* (Umkehrbar)
Wenn: *Fixi anders aussieht als Foxi,*
dann: *sieht auch Foxi anders aus als Fixi.* (Umkehrbar)
Wenn: *Sandra so ähnlich geht wie eine Ente,*
dann: *geht auch eine Ente ähnlich wie Sandra.* (Umkehrbar)
Wenn: *Toni als Donald Duck zum Fasching geht,*
dann: *geht Donald Duck noch lange nicht als Toni zum Fasching.* (Das geht nicht, es bedeutet etwas anderes.)

6. Welche Erkenntnisse gewinnen wir nun daraus? Wie lässt sich kategorisieren, was wir durch unsere Experimente erfahren haben?

Mit einer fortgeschrittenen Schulklasse kann man sicher auch den Unterschied von Sätzen erörtern, die bis auf *wie* und *als* gleich lauten. Bei *Felix geht wie Donald Duck* (a) – *Felix geht als Donald Duck* (b) werden Sie zunächst den Bedeutungsunterschied mit den Schülerinnen und Schülern besprechen: Bei (a) sieht das Gehen der Person selbst so ähnlich aus wie das der Ente; bei (b) geht die Person in der Verkleidung der Ente. Beides wird nur durch die Vergleichswörter signalisiert. Es muss hier also ein Bedeutungsunterschied zwischen *wie* und *als* bestehen. Der lässt sich wohl am ehesten beschreiben mit Gleichheit/Ähnlichkeit des Gehens (a) bei Subjekt und Vergleichsgröße, andererseits als Vergleich mit „Geltungsanspruch" (bei b) zwischen Subjekt und Vergleichsgröße (denn Felix *ist* ja nicht Donald Duck, sondern *tut nur so*, als wäre er es). Harald Weinrich weist dem Vergleichswort *als* in solchen Sätzen „das spezifizierende Merkmal ‚Geltung'" zu und unterscheidet den Vergleich von Ungleichheiten (mit *als*) als „korrigierenden Vergleich" von dem Vergleich von Gleichheiten (mit *wie*) als „bestätigenden Vergleich" (Weinrich 1993, S. 793 ff.). Verständlich machen könnten Sie diesen komplizierten Sachverhalt vielleicht eher mit Hinweisen darauf, dass das Vergleichswort *als* gewichtiger ist als *wie*. Es sagt über das Subjekt eines Vergleichs etwas aus, das ihm eine besondere Stellung in Bezug zu seiner Vergleichsgröße zuweist: Jemand ist eben *größer, kleiner, anders als* das, womit er verglichen wird – oder erhebt den Anspruch, als etwas aufzutreten, während der Wie-Vergleich zwei Größen in etwa gleichstellt. So betrachtet ist es eben doch nicht gleichgültig, ob wir *als* oder *wie* in einem Vergleich verwenden.

Von „falschen" Weil-Sätzen, die das Sprachempfinden beleidigen: Draußen stürmt es, weil die Bäume rauschen so laut.

In der Übersicht (siehe Seite 116 f.) habe ich zunächst einmal die Verhältnisse in Kausalsätzen verdeutlicht.

Zwischen den Satzpaaren *Ich kann nicht schlafen – Die Bäume rauschen so laut* (I) und *Draußen stürmt es – Die Bäume rauschen so laut* (II) bestehen gedanklich unterschiedliche Verhältnisse. Das Satzpaar I kann in einem Haupt-Nebensatzgefüge mit *weil* und in einer Hauptsatzreihe mit *denn* verbunden werden, das Satzpaar II aber nur mit *denn*. Würde man aus II ein Satzgefüge mit *weil* bilden, entstünde ein unsinniger Satz: *Draußen stürmt es, weil die Bäume so laut rauschen.*

Grund/Ursache und Folge

Die Bäume rauschen so laut, das ist die Ursache dafür, dass *ich nicht schlafen kann*. – Dass *ich nicht schlafen kann*, das ist die Folge davon, dass *draußen die Bäume so laut rauschen*.

Das ist ein klassischer Kausalsatz aus Folge und Grund, der mit einem Weil-Satz gebildet werden kann, welcher nach oder vor dem Hauptsatz stehen kann (1.1, 2.1). Dabei gibt der Hauptsatz die Folge an, der Weil-Satz den Grund (1.1). Der Grund kann auch mit einem Denn-Satz genannt werden, doch dieser kann aus strukturellen Gründen dem Hauptsatz niemals vorausgehen (2.2), was beim Weil-Satz möglich ist.

Mit der Warum-Frage frage ich hier nach der Ursache (3.3). Ich frage also mit Hilfe des ersten Teilsatzes (*Warum kannst du nicht schlafen?*) und antworte mit dem Weil-Satz, der an zweiter Stelle steht. Mit *denn* kann ich einen solchen Satz niemals beantworten.

Vermutung und nachträgliche Erklärung/Begründung

Draußen stürmt es ist eine Vermutung, die sich aus der Wahrnehmung ergibt, dass *die Bäume so laut rauschen*. Der Grund könnte ein ganz anderer sein, z. B. dass es regnet und durchaus nicht stürmt. Dass *die Bäume so laut rauschen*, daraus erklärt sich, dass es *draußen stürmt*. – Ein Vermutungssatz mit einer nachträglichen Erklärung, die nur mit einem Denn-Satz gebildet werden kann (4.1). Auch hier ist der Denn-Satz natürlich nicht vorausstellbar (5.1). Mit der Warum-Frage möchte ich die Begründung (6.4) erfahren. Ich frage hier also mit Hilfe des zweiten Teilsatzes (*Warum rauschen wohl die Bäume?*) und beantworte ihn mit einem *weil*, das ich dem ersten Teilsatz hinzufüge.

Wir unterscheiden also zwischen Kausalsätzen (Folge – Ursache), welche als Weil-Sätze umkehrbar sind (Ursache – Folge), und Begründungssätzen (Behauptung – Begründung), die nicht umkehrbar sind, da die Begründung nachträglich gegeben wird.

Ein semantisch falscher, aber grammatisch richtiger Kausalsatz wie *Draußen stürmt es, weil die Bäume so laut rauschen* kann nur dann zu einem semantisch richtigen werden, wenn man die Ursache-Folge-Verhältnisse umkehrt: *Draußen rauschen die Bäume, weil es stürmt*. Er wird aber auch zu einem richtigen Begründungssatz, wenn man ihn in die heute vielfach mündliche Sprechweise umformt: *Draußen stürmt es, weil – die Bäume rauschen so laut*. Ein solcher Weil-Satz antwortet dann allerdings nicht mehr auf die Frage, *warum* es draußen stürmt, sondern auf diejenige, woraus man *schließt*, dass es draußen stürmt. Ein nachträglicher Begründungssatz also! Und als solcher kann er natürlich auch nicht, wie der echte Ursache-Satz mit *weil*, dem Hauptsatz vorausgehen.

Warum aber, um des Himmels und der Sprachnorm Willen, so fragen Lehrende, denen es um die richtige Grammatik von Sätzen geht, verwenden Sprecher in solchen Fällen nicht das ehrwürdige Verbindungswort *denn*, das doch eigens für solche Fälle zur Verfügung steht. Warum also ein „falscher" Weil-Satz, wo es doch mit einem richtigen Denn-Satz möglich ist? „Vielleicht", so vermutet Peter Eisenberg, „verwendet der Sprecher *weil* dann, wenn er eine Begründung eher zögerlich vorbringt

Material

1. Verhältnis von Folge/Wirkung und Grund/Ursache

Ich kann nicht schlafen.   *Die Bäume rauschen so laut.*

<u>1. Nachstellung des Weil- und Denn-Satzes:</u>
Folge: Ursache:
1.1 Ich kann (deswegen)
    nicht schlafen,   weil die Bäume so laut rauschen.
1.2 Ich kann nicht schlafen,   denn die Bäume rauschen so laut.

<u>2. Vorausstellung des Weil- und Denn-Satzes:</u>
Ursache: Folge:
2.1 Weil die Bäume so laut
    rauschen,   kann ich nicht schlafen.
2.2 * Denn die Bäume so laut
    rauschen,   kann ich nicht schlafen.

<u>3. Frage – Antwort:</u>
3.1 Was ist der Grund dafür, dass du nicht schlafen kannst?
                    Die Bäume rauschen so laut.
3.2 Was ist die Folge davon, dass die Bäume so laut rauschen?
                    Ich kann nicht schlafen.
3.3 Warum kannst du nicht schlafen?
                    Weil die Bäume so laut rauschen.
3.4 Warum rauschen die Bäume so laut?
                    + Weil ich nicht schlafen kann.

II. Verhältnis von Vermutung/Behauptung und Begründung/Erklärung

Draußen stürmt es   *Die Bäume rauschen so laut.*
(wahrscheinlich).

Behauptung: nachträgliche Begründung:

<u>4. Nachstellung des Denn- / Weil-Satzes mit Hauptsatzstellung:</u>
4.1 Draußen stürmt es,   denn die Bäume rauschen so laut.
4.2 Draußen stürmt es,   „weil – die Bäume rauschen so laut."

<u>5. Vorausstellung des Denn- und Weil-Satzes mit Hauptsatzstellung:</u>
5.1 * Denn die Bäume
      rauschen so laut,   draußen stürmt es.
5.2 * Weil – die Bäume
      rauschen so laut,   stürmt es draußen.

<u>6. Frage – Antwort:</u>
6.1 Wie kommst du zu der Vermutung, dass es draußen stürmt?
                       Die Bäume rauschen so laut.
6.2 Wie erklärst du dir, dass die Bäume so laut rauschen?
                       Draußen stürmt es.
6.3 Warum stürmt es draußen?
                       +Weil die Bäume so laut rauschen.
6.4 Warum rauschen wohl die Bäume so laut?
                       Weil es draußen stürmt.

     * *grammatisch falsch*   + *semantisch falsch*
     „…" *kommt mündlich vor*

> **Material**
>
> # Gebrauchsnormformulierungen
>
> 1. Die Konjunktion *weil* leitet einen kausalen Nebensatz mit Verb-Endstellung ein:
> *Ich konnte nicht kommen, weil ich krank war.*
> Der Gebrauch von *weil* mit Hauptsatzstellung ist falsch:
> *Ich konnte nicht kommen, weil ich war krank.*
> 2. Die Konjunktion *weil* leitet einen kausalen Nebensatz mit Verb-Endstellung ein. Im mündlichen Sprachgebrauch hört man immer häufiger den Gebrauch von *weil* mit Hauptsatzstellung. Man sollte diese jedoch meiden und in geschriebener Sprache überhaupt nicht verwenden.
> 3. Die Konjunktion *weil* steht mit Nebensatzstellung. Immer häufiger kommen auch Sätze mit Hauptsatzstellung vor. Sie sind in der mündlichen Rede verbreitet. In der Schriftsprache findet sich dieser Gebrauch allerdings selten – außer in Ich-Texten und wörtlichen Reden. Zwischen beiden Gebrauchsweisen kann ein Bedeutungsunterschied bestehen.

oder sie gar erst sucht." (1989, S. 20) Die kurze Sprechpause nach dem *weil* weist auf diesen Augenblick des Überlegens ja tatsächlich hin. Wir finden dergleichen durchaus auch bei anderen Verbindungswörtern:
Das mag ja so sein, dennoch – es ist Zeit umzudenken.
Tu, was du willst, allerdings – du musst dich endlich entscheiden.
Ich bin deiner Meinung, gleichwohl – man sollte sich das genau überlegen.
Ich will das gern tun, trotzdem – es ist nicht einzusehen. Usw.

Adverbien und Nebensatzkonjunktionen mutieren zu Hauptsatzkonjunktionen. Es gibt offenbar ein Bedürfnis nach Weil-Sätzen mit Hauptsatzstellung, das Denn-Sätze nicht ohne weiteres erfüllen können: Spannungserzeugung, Vorausverweisung, Demonstration, Denkpause. Vielleicht ist man bei der „allmählichen Verfertigung der Gedanken beim Reden" noch nicht immer ganz sicher, ob man mit einem Weil-Satz eine Ursache oder eine nachträgliche Begründung liefern möchte, vielleicht möchte man es sich für einen Augenblick lang noch offen halten. Auf jeden Fall steht einem Sprecher das vielfach gebrauchte und „spannendere" *weil* eher zur Verfügung als das schwächere und nüchterne *denn*.

Als bloß umgangssprachlich wird man inverse Weil-Sätze nicht mehr lange abstempeln können. Wenn selbst Menschen sie gebrauchen, denen wir den Anspruch, sensible Sprachteilhaber zu sein, nicht absprechen wollen, wie Journalisten und Minister, dann müssen wir vielleicht mit einem Konventionalisierungsprozess rechnen, der sich zwar nur auf die mündliche Rede auswirkt, der aber der Schriftsprache im Falle wörtlicher Reden nicht mehr fremd ist. Schon bei Brecht finden wir dergleichen: „Sie kann vielleicht einen Hut kriegen von ihr auf die Weis, was auch noch nicht sicher ist, weil – wer glaubt ihr schon." (Über Gelegenheiten. Werke, Prosa 3. Berlin 1995) Und bei Gudrun Mebs: „Ich bin schon lange im Heim, eigentlich immer schon. Weil, meine Eltern haben mich nicht behalten können." (Das Sonntagskind) Die Jugendliteratur charakterisiert damit die mündliche Rede.

Wie sollen wir nun als Lehrende verfahren? Gerhard Augst hat einmal die Möglichkeiten durchgespielt, wie wir neu entstehende Sprachgebrauchsnormen formulieren und für Lernende begreifbar machen könnten (1982, S. 126 ff.). Ich habe dieses Sprachnormierungs-Spiel, das Augst am Beispiel *essen – iss! – ess!* durchspielt, einmal auf meinen Fall umformuliert. Das sähe dann so aus wie im Beispiel auf S. 118.

Gerhard Augst, und da schließe ich mich ihm an, gibt einer Textfassung, wie ich sie unter 3. formuliert habe, eindeutig den Vorzug, denn:
– sie beschreibt eine Tendenz des gegenwärtigen Sprachgebrauchs,
– sie macht auf eine Sprachnormveränderung aufmerksam,
– sie diskriminiert niemanden,
– sie stellt den Einzelnen in sprachliche Mitverantwortung.
In einer Schule, die für die Vermittlung von Sprachnormen Sorge zu tragen hat und zugleich das Recht des Menschen auf Veränderung des Sprachgebrauchs respektiert, müssen wir mit den Normen auch vermitteln, dass sie wandelbar sind – und welches die Motive für diesen Wandel sind. Darauf haben Lernende, die ja an diesem Wandel beteiligt sind und ihn mitverantworten müssen, ein Recht. „Demokratische Normen", so Augst, „bedeuten (…) kein Laisser-faire; ein demokratisches Verfahren zur Normveränderung bedeutet keine sprachliche Anarchie. Beides ergibt sich aus dem Prinzip der Toleranz, die auch in der Sprache die Würde des anderen Menschen achtet." (A. a. O., S. 136)

In unserem werkstattorientierten Grammatikunterricht können wir zunächst nichts Besseres tun als zu befragen, zu ermitteln, gegenüberzustellen, ehe wir urteilen.

Befragen wir die Schüler nach solchen Sätzen – oder lassen wir sie damit eine Befragung durchführen. Die Schülerinnen und Schüler sollten ankreuzen, welche Sätze sie als falsch empfinden. Sicherlich werden sie die Sätze c und g durchaus „logisch" finden, da ja hier tatsächlich ein kausaler Zusammenhang besteht. Der lässt sich in etwa so beschreiben: „Dass

Befragung 1:

1. *Wie würdest du einen Hauptsatz wie den folgenden fortsetzen?*
   Unterstreiche, wie du schreiben würdest!
   Unterkringele, wie du sprechen würdest!
   – Ich kann nicht schlafen,
   .... weil ich morgen eine Arbeit schreibe.
   .... denn wir schreiben morgen eine Arbeit.
   .... weil wir schreiben morgen eine Arbeit.

2. *Wie würdest du folgenden Satz fortsetzen?*
   – Draußen stürmt es,
   .... weil man die Bäume rauschen hört.
   .... denn man hört die Bäume rauschen.
   .... weil – man hört die Bäume rauschen.

3. *Was könnte einem Satz wie diesem vorausgehen?*
   ... weil die Bäume so laut rauschen.
   Ich kann nicht schlafen, ...
   Der Wind weht, ...

4. *Welchen ersten Satz könntest du mit welchem zweiten Satz verbinden?*
   Ich kann nicht schlafen,
   .... weil die Bäume so laut rauschen.
   .... denn die Bäume rauschen so laut.
   .... weil – die Bäume rauschen so laut.
   – Draußen stürmt es,
   .... denn die Bäume rauschen so laut.
   .... weil – die Bäume rauschen so laut.
   .... weil die Bäume so laut rauschen.

Befragung 2:

Welche Sätze empfindest du als falsch? Kreuze an!

a) Weil die Straße nass ist, regnet es.
b) Weil sie Bauchschmerzen hat, hat sie verdorbene Speisen gegessen.
c) Weil der Wind weht, rauschen die Bäume.
d) Weil er einen Gipsverband trägt, hat er sich den Arm gebrochen.
e) Es regnet, weil die Straße nass ist.
f) Sie hat verdorbene Speisen gegessen, weil sie Bauchschmerzen hat.
g) Die Bäume rauschen, weil der Wind weht.
h) Er hat sich den Arm gebrochen, weil er einen Gipsverband trägt.
i) Es regnet, denn die Straße ist nass.
j) Sie hat verdorbene Speisen gegessen, denn sie hat Bauchschmerzen.
k) Die Bäume rauschen, denn der Wind weht.
l) Er hat sich den Arm gebrochen, denn er trägt einen Gipsverband.
m) Es regnet, weil – die Straße ist nass.
n) Sie hat verdorbene Speisen gegessen, weil – sie hat Bauchschmerzen.
o) Die Bäume rauschen, weil – der Wind weht.
p) Er hat sich den Arm gebrochen, weil – er trägt einen Gipsverband.

der Wind weht, ist die Voraussetzung, der Grund, die Ursache dafür, dass *die Bäume rauschen.* Und dass *die Bäume rauschen,* ist die Folge davon."

Doch die anderen Sätze von a bis h? Da stimmt doch etwas nicht: „Dass *sie Bauchschmerzen hat,* das ist doch nicht der Grund dafür, dass *sie verdorbene Speisen gegessen hat,* es isst doch keiner verdorbene Speisen, weil er Bauchschmerzen hat" usw. Umgekehrt wird ein Schuh draus! Hier sind Grund und Folge verwechselt.

Diese Begriffe wollen wir einmal festhalten:
(c) *Weil der Wind weht,*   *rauschen die Bäume.*
    Grund/Ursache   Folge/Auswirkung („logisch!")
(b) *Weil sie Bauchschmerzen hat,* *hat sie verdorbene Speisen gegessen.*
    Grund/Ursache („stimmt nicht!") Folge/Auswirkung („unlogisch!")
Umgekehrt:
Weil sie verdorbene Speisen gegessen hat, hat sie Bauchschmerzen.
Grund/Ursache   Folge („logisch!")

Warum werden dann aber die Sätze i bis l nicht als falsch empfunden? Was ist an ihnen anders? – Was sich einfach beschreiben lässt, ist, dass sie mit *denn* und nicht mit *weil* eingeleitet werden und dass es Hauptsätze sind. Und dann wird man wohl mit Ergänzungen und Umschreibungen weiterkommen: *Sie hat (wahrscheinlich/wohl/vielleicht) verdorbene Speisen gegessen (jedenfalls kann man das vermuten), denn sie hat (das sieht man doch!) Bauchschmerzen.* Die vorangestellten Hauptsätze erweisen sich also bei genauerem Hinsehen als Vermutungen oder Behauptungen, und die Denn-Sätze als Erklärungen oder nachträgliche Begründungen dazu. Auch das wäre festzuhalten:
Sie hat verdorbene Speisen gegessen, *denn sie hat Bauschmerzen.*
Vermutung/Annahme   Begründung/Erklärung dafür

Aber ist das in Satz k auch so? Der erste Teilsatz kommt zunächst auch wie eine bloße Behauptung daher. Da wir aber den Zusammenhang zwischen *Bäumerauschen* und *Wehen des Windes* genau kennen und nicht nur annehmen oder deuten, erweist sich der zweite Satz dann doch als ein „logischer" Satz, der auf die Ursache des Bäumerauschens hinweist – genau wie der entsprechende Satz mit *weil*:
Die Bäume rauschen,   *denn der Wind weht.*
Behauptung, aber auch: Folge   Grund/Ursache („logisch!")

Daraus kann man nun entnehmen, dass Weil-Sätze eine Ursache oder einen Grund kennzeichnen, Denn-Sätze aber beides können: Sie können (wie in i, j, l) lediglich eine Begründung für eine Behauptung nachliefern oder aber auch (wie in k) eine Ursache benennen.

Und Sätze wie m bis p? *Sie hat verdorbene Speisen gegessen, weil – sie hat Bauchschmerzen?* Sicherlich werden solche Weil-Sätze in Hauptsatzstellung (statt in Nebensatzstellung) von manchen Schülern als „umgangssprachlich", vielleicht auch als „falsch" angesehen. Daran ist ja auch richtig, wie ich vorn gezeigt habe, dass sie vor allem in mündlicher Rede vorkommen, beim Schreiben aber vermieden werden. In unserer werkstattorientierten Arbeit wollen wir aber, wie immer, zuerst einmal die Sprache selbst betrachten, ehe wir sie beurteilen. Also: Welchen Sätzen entsprechen die Sätze m bis p eher: denen in e bis h – oder denen in i bis l?

Das ist ja nun klar! Denn erstens handelt es sich auch bei ihnen um hauptsatzähnliche Gebilde, und zweitens entsprechen sie in ihrem gedanklichen Zusammenhang eindeutig den Denn-Sätzen. Auch können sie wie diese zum Beispiel keine Sätze einleiten (was zu erproben wäre: *Denn/Weil – sie hat Bauchschmerzen, sie hat verdorbene Speisen gegessen* – das ist nicht möglich!).

Erst jetzt sollten wir der Frage nachgehen, warum in der mündlichen Rede solche Weil-Sätze so häufig vorkommen? Wir haben doch schon das Wörtchen *denn*! Warum verwenden wir stattdessen dann gern *weil* – und noch dazu nach konservativen Vorstellungen „falsch"? – Fragen wir doch einfach unsere „Informanten", wie das ein Sprachwissenschaftler oft tun muss: „Wie empfindet ihr den Unterschied zwischen *denn* und *weil*?"

Meiner Erfahrung nach kommt dabei interessanterweise heraus, dass *denn* als intellektuell, als umständlicher und konstruierter empfunden wir als *weil*. Was Harald Weinrich zu Denn-Sätzen sagt, macht dieses Empfinden erklärlich: Die Konjunktion *denn* gibt „eine Begründung für einen schwer verstehbaren Sachverhalt"; und weiter unten spricht er von „ziemlich inhaltsschweren Begründungen", die mit *denn* eingeleitet werden (1993, S. 760).

Denn und *weil* bedeuten Verschiedenes. *Denn* kann eine nachträgliche Begründung (i, j, l), aber auch einen Ursachen-Satz einleiten (k); sie können aber immer nur dem Hauptsatz folgen. *Weil* mit Nebensatz leitet Ursachen-Sätze ein; solche Sätze können vor dem Hauptsatz stehen (c) oder nach ihm (g). *Weil* mit Hauptsatz kann nur einen nachträglichen Begründungssatz einleiten (m–p); solche Sätze stehen nur nach einem Hauptsatz. Jetzt wissen die Schüler etwas mehr. Vor allem wissen sie, dass das, was ihnen oftmals korrigiert wird, nicht schlichtweg „falsch" ist, sondern Sinn macht, auch wenn man es für grammatikalisch nicht angemessen hält. Und sie wissen, dass man Weil-Sätze mit Hauptsatzstellung nicht einfach in solche mit Nebensatzstellung umformulieren kann, da sie dann schlichtweg logisch falsch würden. Wer's richtig machen will, müsste sie in Denn-Sätze umformulieren (was manchen aus guten Gründen nicht behagt) oder sie sehr viel umständlicher formulieren: *Er hat sich den Arm gebrochen, weil – er trägt einen Gipsverband.* ➜ *Er hat sich den Arm gebrochen, denn* *er trägt einen Gipsverband.* → * *Er hat sich den Arm gebrochen, weil er einen Gipsverband trägt.* → *Er hat sich wohl den Arm gebrochen, was ich daraus schließe, dass er einen Gipsverband trägt.*

Das Wichtigste aber, was bei einer solchen Arbeit herauskommt, ist, dass man ein anderes Verhältnis zu den Sprachnormen bekommt: Was vielen als falsch in den Ohren klingt, ist in unserem Falle erklärbar – und sollte nicht einfach zurückgewiesen werden.

Bestimmter und unbestimmter Artikel

In der Schulgrammatik unterscheidet man die „bestimmten" Artikel (*der, die, das*) von den „unbestimmten" (*ein, eine*), wobei oft nicht viel mehr vermittelt wird als eben diese Begrifflichkeit. Hier und da wird in den Sprachbüchern auch der Hinweis gegeben, dass die einen eben „bestimmt" seien, insofern sie im Singular auf ein Einziges, ein Bestimmtes hinweisen (*der Mann, die Frau*) und im Plural auf eine bestimmte Gruppe (*die Männer, die Frauen*), wohingegen die unbestimmten Artikel auf ein Allgemeines oder Unbestimmtes (*ein Mann, eine Frau, Männer, Frauen*) hinweisen würden. Satzfolgen wie diese zeigen aber mehr und auch anderes:
<u>Ein</u> *Mann und* <u>eine</u> *Frau hatten (__) Kinder, von denen* <u>das</u> *erste* <u>der</u> *Mann mit in die Ehe gebracht hatte, die Frau aber die anderen drei.*

Mit „bestimmt – unbestimmt" wären der Mann und die Frau samt ihrer Kinder nur insofern angemessen gekennzeichnet, als sie allesamt zunächst im ersten Satz des Textes selbst als noch nicht näher bestimmt erscheinen; man erwartet, dass Näheres in der Folge über sie mitgeteilt wird. Wenn man dann im zweiten Satz auf sie zurückkommt, treten sie als schon Genannte und also näher Bestimmte auf. Von der Sache selbst her sind Mann, Frau und Kinder im ersten Satz weder bestimmte noch unbestimmte, sondern dieselben wie im zweiten Satz. Und das besagt, dass Bestimmtheit und Unbestimmtheit eine Angelegenheit des Kontextes und nicht der Bedeutung sind.

Harald Weinrich bezeichnet daher den unbestimmten Artikel als „kataphorisch" und den bestimmten als „anaphorisch":
„*Der anaphorische („bestimmte") Artikel ist eine Anweisung des Sprechers an den Hörer für das mit dem Artikel (…) verbundene Nomen rückläufig zum Textverlauf geeignete Determinanten in der Vorinformation zu suchen. Als Vorinformation bezeichnen wir diejenige Information, die dem Hörer bereits bekannt ist. (…) Von einem kataphorischen („unbestimmten") Artikel erhält der Hörer die Gegenanweisung. Er soll nun nach geeigneten Determinanten für das betreffende Nomen nicht in der Vorinformation suchen, sondern diese von der ihm noch unbekannten Nachinformation erwarten.*" (1993, S. 410)

Das ist etwas umständlich, aber präzise gesagt. Konstruieren wir einmal den Fall, dass ein Text, wie manche moderne Kurzgeschichte, mit folgender Aussage beginnt: *Der Mann und die Frau hatten die Kinder mit in die Ehe gebracht.*

Hier wird so getan, als seien die Personen bereits bekannt; der Leser wird mitten in eine Situation hineingestellt; Vorinformationen besitzt er zwar nicht, doch sie werden ihm quasi nahe gelegt. Ein „offener" Anfang sozusagen, der den Appell enthält, sich zu erinnern: Du kennst sie doch! In der Regel fangen Texte jedoch anders an, indem sie die Personen zuerst einmal einführen: *Ein Mann und eine Frau ...* und dann erst, nachdem das geschehen ist, rückblickend, oftmals sogar demonstrativ, Weiteres über sie aussagen: *Diese beiden hatten ...*

Diese kontextuelle Funktion der Artikel kennen wir von Kindesbeinen an. Wir besitzen also das Wissen-Dass. Auch hier wieder geht es uns darum, dieses Wissen in ein Wissen-Warum zu überführen, indem wir das, was wir in der Regel sicher verwenden, ins Bewusstsein heben, um es in Zukunft vielleicht auch gekonnter, womöglich artifiziell, in jedem Fall aber bewusster anwenden und beim Interpretieren verstehen zu können.

Unser Experiment beginnt mit einem Text, aus dem wir alle Artikel ausgespart haben. Zu Beginn sollten Sie mit den Schülern darüber sprechen, was jeweils anders ist, wenn ein Text so oder so beginnt:
(a) Ein Zug fährt langsam in einen Bahnhof ein.
(b) Der Zug fährt langsam in den Bahnhof ein.
Ist das ein Unterschied des Standortes? Der Perspektive? Stehe ich als Leser jeweils anderswo? Näher oder ferner dem einfahrenden Zug? Könnten beide Züge ein und derselbe sein? Könnte ich selbst in beiden Sätzen im Zug sitzen? Oder ist das nur im zweiten Satz möglich? Von welchem Satz erwarte ich eher eine Fortsetzung des Textes, weitere Informationen? Welcher Zug ist irgendein Zug? Welcher ein ganz bestimmter? Und in welcher Beziehung ist letzterer bestimmt? Wenn dabei so etwas herauskommt wie: „(b) ist dadurch bestimmt, dass ich schon etwas über ihn weiß, vielleicht selbst darin sitze, ganz in der Nähe bin ...", dann haben wir eine erste Sichtweise auf die Artikel gewonnen, die die folgende Einsetzaufgabe interessant macht (siehe Material auf den folgenden Seiten).

Beim Einsetzen der Artikel werden die Schülerinnen und Schüler hier und da ganz sicher sein – und an anderen Stellen vor Alternativen oder gar Problemen stehen. Das hat damit zu tun, dass in dieser Geschichte viele Personen (Männer und Frauen in Uniform, in Geländeuniform usw.) vorkommen, deren Ähnlichkeit sehr groß ist. Sind es immer dieselben? Sind es verschiedene? Wie viele sind es eigentlich? Man kann es nur dadurch erfahren, dass sie entweder neu eingeführt werden oder man auf sie im Verlaufe des Textes zurückkommt (mit dem vorausweisenden unbestimmten oder dem zurückweisenden bestimmten Artikel).

Material

Abgefertigt (nach Helga M. Novak)

_____ Zug fährt langsam. Er schlenkert. _____ Zug fährt schnell. Er fährt durch _____ Schonung. Er hält neben _____ leeren Bahnsteig. _____ Lautsprecher sagt, _____ Reisende(n) werden gebeten, _____ Zug nicht zu verlassen. Zwei Männer in Uniform gehen durch _____ Wagen und sagen Passkontrolle. _____ Mann und _____ Frau, beide in Uniform, gehen durch _____ Wagen und sagen, füllen Sie bitte _____ Schein aus. _____ Mann in Uniform geht durch _____ Wagen und sagt, Ihr Visum bitte. _____ Ausländer sagt, ich habe kein Visum. _____ Mann sagt, warum haben Sie kein Visum? _____ Ausländer sagt, ich wusste nicht, dass. _____ Mann sagt, kommen Sie bitte mit. _____ Mann in Uniform und _____ Ausländer gehen _____ Bahnsteig entlang und treten in _____ Büro. _____ Ausländer füllt _____ Formular aus. _____ Mann reißt von _____ Formular _____ Abschnitt ab, gibt ihn _____ Ausländer und sagt, hier ist ihr Visum. _____ Ausländer geht am Zug entlang und in sein Abteil zurück. _____ Reisende(n) blicken aus _____ Abteilfenstern und sehen _____ Ausländer an. Zwei Männer, beide in Uniform und mit _____ Maschinenpistole, gehen durch _____ Wagen und sagen laut in jedem Abteil, bitte mal heraustreten. Sie heben _____ Sitzbänke hoch. Sie treten mit _____ Füßen unter _____ Sitzbänke und heben _____ große(n) Koffer in _____ Gepäcknetzen an. Sie sagen laut, danke, und verlassen _____ Abteil. Sie reißen _____ Toilettentüren auf.

_____ Frau in Uniform geht durch _____ Wagen und sammelt _____ ausgefüllte(n) Scheine ein. Sie sagt, gute Weiterreise.

_____ Mann in _____ schmutzige(r/n) Geländeuniform stellt sich draußen neben _____ Zug. Er hält _____ langhaarigen Schäferhund an _____ Leine. Er macht ihn los. _____ Hund sabbert. Er trägt _____ Maulkorb. _____ Mann nimmt ihm _____ Maulkorb ab. _____ Schäferhund duckt sich. Er kriecht unter _____ Zug. Er geht zwischen _____ Geleisen unter _____ Zug entlang. Er schnüffelt. _____ Mann in _____ Geländeuniform geht neben _____ Zug her. Er stößt mit _____ eiserne(n/r) Stange unter _____ Zug. _____ Hund kommt unter _____ Zug hervor. Er schüttelt sich. _____ Mann sagt, wirst du. _____ Hund geht wieder unter _____ Zug.

_____ Zug ist zu Ende. _____ Mann in Uniform ruft, fertig. _____ Zug fährt ab.

_____ Zug fährt sehr schnell. Er hält. Zwei Männer in Uniform gehen durch _____ Wagen und sagen, Passkontrolle. _____ Dampflokomotive wird abgekoppelt. _____ Diesellok wird angekoppelt.

_____ Mädchen geht durch _____ Wagen. Es hat _____ langen, weißen Kittel an. Auf _____ Kittel

> **Material**
>
> steht, Innere Mission. Es trägt _____ Kanne vor sich her. Es ruft, Tee, Pfefferminztee, Tee. Es fragt, sind hier noch _____ Rentner? Sein Haar ist auf _____ Hinterkopf zu _____ Knoten verschlungen. _____ junger Mann ruft, ja, hier. _____ Mädchen lacht. Es verschüttet _____ Tee. Es sagt, nein, nein, nein. _____ junge Mann sagt, ich habe Durst. _____ Mädchen sagt, ja, es ist sehr warm heute. Es geht weiter. Es ruft, Tee, Pfefferminztee, Tee.
>
> _____ Zug fährt ab. Er fährt schnell. In _____ Abteilen wird geschwatzt. _____ Frau sagt, Zwillinge, das finde ich süß, dabei noch zwei Buben.
>
> *Setze die Artikel **der, die, das, ein, eine** und das Pronomen **diese** in den verschiedenen flektierten Formen so in den Text ein, wie du es für angemessen hältst. Manchmal hast du auch die Alternative, den Singular und Plural mit oder ohne Artikel zu bezeichnen.*

Nach meinen Erfahrungen kommen selten auch nur zwei Schüler zu genau demselben Ergebnis. Tatsächlich sind ja auch Alternativen möglich, die dem Text seinen Zusammenhang und seine Klarheit bewahren. Doch es lohnt sich sehr, über einzelne Sätze besonders zu sprechen:
Ist z. B. etwas anderes ausgesagt, wenn ich im 4. Absatz schreibe: *Eine Frau in Uniform* – oder: *Die Frau in Uniform*?
Oder wenn vor der Abfahrt des Zuges *Ein Mann in Uniform ruft, fertig* – oder: *Der Mann in Uniform ruft*?
Oder wenn im vorletzten Absatz zunächst *Ein junger Mann ruft, ja, hier* – und wenige Sätze später: *Der junge Mann* oder *Ein junger Mann sagt, ich habe Durst*?
Bei solchen Betrachtungen geht es stets um „bekannt, vorher erwähnt" oder „neu eingeführt, noch nicht erwähnt".
Um etwas anderes geht es, wenn es im letzten Satz heißt: *Eine Frau sagt, Zwillinge*. Von dieser Frau war noch nicht die Rede – und ist nachher auch nicht mehr die Rede. Die Neueinführung einer Person, von der dann nichts mehr ausgesagt wird, am Ende einer Geschichte ist etwas durchaus

Ungewöhnliches. Was wird damit bewirkt? Was bedeutet das für die Geschichte? – Natürlich: Alles geht seinen Gang. Alles war nur eine Episode. – Offenheit.

Ähnlich der Anfang: *Der Zug fährt langsam*. Ich werde sogleich in die Geschichte hineingesogen. Ich bin als Leser im Zug. Ohne Distanz, nah bei den andern. Offener Anfang. Hierbei erfährt man, wie das eigentlich in einer Kurzgeschichte gemacht wird, einen offenen Anfang und Schluss zu gestalten. Offenheit des Kontextes – nicht der Bedeutung!

Natürlich wird dann, was die Schüler produziert haben, mit dem Originaltext verglichen. Aus den Abweichungen ergeben sich besonders fruchtbare Gespräche – nun mit größerer Kompetenz. Die Schüler können auch im Text von Helga Novak ein Beziehungsgeflecht herstellen und die verschiedenen Kontrollinstanzen einmal zählen:

1./2. *Ein Mann und eine Frau in Uniform*, die die Scheine verteilen;
3. *Ein Mann in Uniform*, der die Visa kontrolliert;
4./5. *Zwei Männer mit Maschinenpistole*;
6. *Eine Frau in Uniform*, die die Scheine einsammelt;
7. *Ein Mann in schmutziger Geländeuniform ... mit Schäferhund*;
8. *Ein Mann in Uniform*, der den Zug abfertigt;
9./10. *Zwei Männer in Uniform* für die erneute Passkontrolle:

ein beträchtlicher Personalaufwand! Sie alle werden mit dem unbestimmten Artikel jeweils neu eingeführt; fast alle werden mit dem bestimmten Artikel ein weiteres Mal erwähnt.

Und es wird kategorisiert, was man gelernt hat:
Der unbestimmte, vorausverweisende Artikel weist auf etwas situativ Distanziertes oder noch Unbekanntes hin, von dem der Leser erwartet, dass es im Text wieder aufgenommen und erklärt wird. Das muss nicht in jedem Fall so sein. Es kann auch unbekannt bleiben. – Der bestimmte, zurückverweisende Arikel bezieht sich auf etwas zuvor Erwähntes oder auf etwas situativ Nahes. Durch das Zusammenspiel beider entsteht der Zusammenhang in einem Text (Textkohärenz).

Gegensatz-Beziehungen

Bei den folgenden Anregungen gehe ich, wie meistens, wieder von einem „Werkstück" aus, das eine Schülerin oder ein Schüler selbst produziert hat, – noch unvollkommen, aber gerade deswegen vorzüglich zu bearbeiten, wenn man auch das begriffliche Handwerkszeug dafür zur Verfügung hat.

Dieser kurze Textausschnitt einer Schülerin aus dem 8. Schuljahr ist bestimmt von der Gegenüberstellung einiger Aussagen und von nachträgli-

Material

Abgefertigt

(von Helga M. Novak)

Der Zug fährt langsam. Er schlenkert. Der Zug fährt schnell. Er fährt durch eine Schonung. Er hält neben einem leeren Bahnsteig. Ein Lautsprecher sagt, die Reisenden werden gebeten, den Zug nicht zu verlassen. Zwei Männer in Uniform gehen durch die Wagen und sagen Passkontrolle. Ein Mann und eine Frau, beide in Uniform, gehen durch die Wagen und sagen, füllen Sie bitte diesen Schein aus. Ein Mann in Uniform geht durch die Wagen und sagt, Ihr Visum bitte. Ein Ausländer sagt, ich habe kein Visum. Der Mann sagt, warum haben Sie kein Visum? Der Ausländer sagt, ich wusste nicht, dass. Der Mann sagt, kommen Sie bitte mit.
Der Mann in Uniform und der Ausländer gehen den Bahnsteig entlang und treten in ein Büro. Der Ausländer füllt ein Formular aus. Der Mann reißt von dem Formular einen Abschnitt ab, gibt ihn dem Ausländer und sagt, hier ist ihr Visum. Der Ausländer geht am Zug entlang und in sein Abteil zurück. Die Reisenden blicken aus den Abteilfenstern und sehen den Ausländer an.
Zwei Männer, beide in Uniform und mit Maschinenpistole, gehen durch die Wagen und sagen laut in jedem Abteil, bitte mal heraustreten. Sie heben die Sitzbänke hoch. Sie treten mit den Füßen unter die Sitzbänke und heben die großen Koffer in den Gepäcknetzen an. Sie sagen laut, danke, und verlassen das Abteil. Sie reißen die Toilettentüren auf.
Eine Frau in Uniform geht durch die Wagen und sammelt die ausgefüllten Scheine ein. Sie sagt, gute Weiterreise.
Ein Mann in schmutziger Geländeuniform stellt sich draußen neben den Zug. Er hält einen langhaarigen Schäferhund an der

Leine. Er macht ihn los. Der Hund sabbert. Er trägt einen Maulkorb. Der Mann nimmt ihm den Maulkorb ab. Der Schäferhund duckt sich. Er kriecht unter den Zug. Er geht zwischen den Geleisen unter dem Zug entlang. Er schnüffelt. Der Mann in der Geländeuniform geht neben dem Zug her. Er stößt mit einer eisernen Stange unter den Zug. Der Hund kommt unter dem Zug hervor. Er schüttelt sich. Der Mann sagt, wirst du. Der Hund geht wieder unter den Zug.
Der Zug ist zu Ende. Ein Mann in Uniform ruft, fertig. Der Zug fährt ab.
Der Zug fährt sehr schnell.
Er hält.
Zwei Männer in Uniform gehen durch die Wagen und sagen, Passkontrolle. Die Dampflokomotive wird abgekoppelt. Eine Diesellok wird angekoppelt.
Ein Mädchen geht durch die Wagen. Es hat einen langen, weißen Kittel an. Auf dem Kittel steht, Innere Mission. Es trägt eine Kanne vor sich her. Es ruft, Tee, Pfefferminztee, Tee. Es fragt, sind hier noch Rentner? Sein Haar ist auf dem Hinterkopf zu einem Knoten verschlungen. Ein junger Mann ruft, ja, hier. Das Mädchen lacht. Es verschüttet Tee. Es sagt, nein, nein, nein. Der junge Mann sagt, ich habe Durst. Das Mädchen sagt, ja, es ist sehr warm heute. Es geht weiter. Es ruft, Tee, Pfefferminztee, Tee. Der Zug fährt ab. Er fährt schnell. In den Abteilen wird geschwatzt. Eine Frau sagt, Zwillinge, das finde ich süß, dabei noch zwei Buben.

Aus: Helga M. Novak: Abgefertigt. In: Aufenthalt in einem irren Haus.
© Schöffling & Co. Verlagsbuchhandlung, Frankfurt/M. 1996.

Material

Ausschnitt aus einem Schülertext:

Zu Agathas Geburtstagsfete waren alle eingeladen, nicht nur die, die wir schon lange kannten, aber auch Sandra und Jens sollten kommen, Agathas alte Freundin mit ihrem neuen Freund. Ich war wieder einmal die Erste, die angekommen war, und nach einiger Zeit schneiten auch die anderen alle herein. Wir redeten gerade miteinander, als auch Sandra und Jens ankamen. Alle konnten es sehen: Sandra hatte sich für die Fete richtig aufgetakelt und er kam in speckigen Klamotten an. Das war vielleicht ein Pärchen: Sie in ihrem super Outfit und dann dieser Typ! Er sah zwar nicht gerade abgewrackt aus, sondern er war absolut unpassend gekleidet. Er hatte sich für die Fete überhaupt nicht zurechtgemacht, aber er schien sich bei uns richtig wohlzufühlen …

chen Einschränkungen und Korrekturen vorausgehender Sätze. Beziehungswörter wie *aber* und *sondern* kommen in wenigen Sätzen mehrere Male vor; aber selbst die Konjunktion *und* signalisiert hier und da zumindest einen Gegensatz, ohne dass er explizit bezeichnet wäre. Andererseits merkt man, dass hier manches nicht stimmt, dass die Schülerin also mit den Gegenüberstellungen nicht immer sicher umzugehen versteht. Auf das *nicht nur* des ersten Satzes müsste ein *sondern* folgen; und das *zwar nicht* des vorletzten Satzes verlangte eigentlich ein *aber doch* statt des *sondern*. Außerdem wäre es dem Gegensatz, von dem die Schülerin spricht, sicher angemessener, wenn man das nebenordnende *und* vor und nach dieser Andeutung des Gegensatzes durch Wörter ersetzen würde, die den Kontrast deutlicher machen, etwa: „Sandra hatte sich für die Fete richtig aufgetakelt, während er in speckigen Klamotten ankam." Oder: „Sie in ihrem super Outfit, und dagegen dann dieser Typ."

Natürlich könnte man dies als Lehrerin oder Lehrer einfach korrigieren. Ob es die Schülerin einsähe, steht dahin. Wahrscheinlich wird sie dabei nur lernen, dass man dies so und jenes anders schreibt; warum das aber so ist, erfährt sie dabei nicht. Andererseits lernt sie an anderer Stelle und zu anderer Zeit etwas über Beziehungswörter (Konjunktionen, Adverbien), was sie vermutlich auf ihre eigenen Texte nicht anzuwenden versteht, da sie Grammatik nur als Form und Rotstiftnorm und nicht als einsehbare Differenzierungsmöglichkeit und Auskunft über Funktionen der Sprache kennen gelernt hat. Dabei könnten Sprachprobleme und Fehler die besten Ausgangspunkte für das Nachdenken über Sprache sein, da doch hier der sprechende oder schreibende Mensch am ehesten nicht nur daran interessiert ist, dass etwas so und so ist, sondern auch warum. Vielleicht ist dies überhaupt die wichtigste Aufgabe eines werkstatt-orientierten Grammatikunterrichts: das Wissen-Dass in das Wissen-Warum zu überführen.

Im Deutschunterricht selbst bleibt für einen „anderen", von den konkreten Problemen und Fehlern der Schüler ausgehenden Grammatikunterricht allerdings meistens keine Zeit; er würde wahrscheinlich auch die meisten Lehrkräfte überfordern, da sie ja ständig reagieren und ihr Wissen bereit halten müssten, um nicht nur korrigierend einzugreifen, sondern auch begründend oder gar experimentierend grammatische Überlegungen an jeweils aktuelle Probleme anzuschließen. Das kann nur ein Curriculum, das berücksichtigt, was in der Sprache junger Menschen sich so alles ereignen kann, welche Probleme tatsächlich in ihrem Alltag auftauchen könnten, welche Fragen Schüler beantwortet haben möchten und wie sie ihren Sprachgebrauch auf der jeweiligen Altersstufe verbessern können. Deswegen ist es eben so entscheidend für die Überzeugungskraft und Produktivität einer Schulgrammatik, wovon sie ausgeht und wohin sie zielt.

Übrigens leistet – das nur ganz nebenbei – der so genannte „integrative" oder „themenorientierte" Grammatikunterricht nur dann etwas für den Gebrauch der Sprache, wenn er tatsächlich von Problemen der Schülersprache ausgeht und zu ihrer Lösung führt, – und nicht dann schon, wenn er in einer didaktischen Schleife an anderen Themen Grammatik mal eben en passant ins Spiel bringt. Wo das Nachdenken mit „Gefährdeten Tieren" oder „Partnerbeziehungen" oder anderem beschäftigt ist, wird man sich der Reflexion über Sprache nur missmutig widmen und kann dies niemals so systematisch tun, wie es dem Nachdenken über systematische Dinge, um die es sich bei der Grammatik nun einmal handelt, angemessen ist. Das heißt nicht: Allein der formalen Betrachtung das Wort reden; es heißt vielmehr: sich für eine kategoriale Erschließung sprachlicher Sachverhalte Zeit zu nehmen, um deren Resultate auf vielfältige Inhalte anwendbar zu machen. Grammatik ist für mich nie totes Wissen über Kategorien gewesen, sondern lebendige Auseinandersetzung mit Kategorisierungsprozessen, die das sprachliche Denken befördert. Das aber kann man nicht in einem inhaltsorientierten Sprachunterricht tun, in dem die Grammatik in Themen verknotet ist; man muss es an der Grammatik tun, die in Themen und Aufgaben hineinführt.

Stets habe ich so herum gedacht und nicht anders herum! Mein Denken über Grammatik hat also immer seinen Ausgang bei dem, was sprachlich auf einer Altersstufe noch problematisch ist und was als Problem durchschaut und gelöst werden sollte. Da aber Sprachprobleme in aller Regel aus Alternativen bestehen, zum Beispiel aus der Frage nach der Verwendung von Gegenwartsform oder Vergangenheitsformen, von Indikativ oder Konjunktiv, nach Getrennt- oder Zusammenschreibung, auch allgemeiner: aus Differenziertheit und Ungenauigkeit, aus Variabilität oder Wiederholung im Ausdruck, aus falsch oder richtig usw., muss sich Sprachreflexion zumindest mit Teilsystemen befassen, bei denen sich das eine erst aus dem anderen erklärt. Wer die gegenseitigen Beziehungen von Präsens, Perfekt und Präteritum nicht erfasst hat, wer den funktionalen Wechsel zwischen diesen Zeitformen nicht kennt, weiß wenig über das Präteritum selbst, und wenn es noch so hartnäckig für den Tempusgebrauch in Erzähltexten gefordert wird und geübt worden ist.

So ist es auch bei den Elementen der Sprache, denen ich mich jetzt zuwenden möchte: jenen kleinen Wörtern (Konjunktionen, Adverbien und adverbialen Wortgruppen), mit denen wir Gegensatzbeziehungen herstellen. Wer auf diesem Teilgebiet der Grammatik den Schülern Kompetenz vermitteln möchte, das heißt die Fähigkeit zu bewusster, wirksamer und variabler Sprachverwendung, der muss sich in zwei, drei Stunden etwas intensiver darauf einlassen. Auszahlen wird sich das allemal.

Und wie gelangen wir vom Experiment zur Erkenntnis? Ich beginne mit dem Text einer Schülerin (siehe S. 135), aus dem ich die Wörter, welche die Gegensatzbeziehungen explizieren, getilgt habe, damit die Schülerinnen und Schüler dafür selbst etwas einfügen können. Dabei muss durchaus nicht in jede Textlücke ein Wort eingetragen werden; es kommt nur darauf an, dass wir vielfältige Explikationen erhalten, die wir hernach an der Tafel zusammenstellen können. Selbstverständlich gibt der Lehrer auch seine Weisheit dazu und trägt einige Wörter in die Lücken ein, die man von den Schülern nicht wird erwarten können.

Die verschiedenen Möglichkeiten werden vorgelesen. Man darf darüber erstaunt sein, dass nicht alle dasselbe eingesetzt haben!

1. Gegensatzbeziehungen (Kontrast)

Für ein differenzierteres Experiment nehmen wir uns einmal einen der Sätze heraus: *Er kam aber in speckigen Klamotten an.* Die „Spielregel" dafür lautet: Ihr könnt einzelne Wörter des Satzes auch an andere Stellen verschieben. Und so sieht das Muster mit seinen Leerstellen und Verschiebemöglichkeiten aus:

Sandra hatte sich für die Fete richtig aufgetakelt, …
(1) _____ er kam in speckigen Klamotten an.
(2) _____ kam er in speckigen Klamotten an.
(3) er kam _____ in speckigen Klamotten an.

Ausschnitt aus dem Text einer Schülerin

Material

Zu Agathas Geburtstagsfete waren alle eingeladen, _____ die, die wir schon lange kannten, _____ auch Sandra und Jens sollten kommen, Agathas alte Freundin mit ihrem neuen Freund. Ich war wieder einmal die Erste, die angekommen war, _____ nach einiger Zeit schneiten auch die anderen alle herein. Wir redeten gerade miteinander, als auch Sandra und Jens ankamen. Alle konnten es sehen: Sandra hatte sich für die Fete richtig aufgetakelt, _____ er _____ (kam) _____ in speckigen Klamotten an(kam). Das war vielleicht ein Pärchen: Sie in ihrem super Outfit _____ und _____ dann dieser Typ _____, auf den wir schon alle gespannt waren. Er sah _____ nicht gerade abgewrackt aus, _____ absolut unpassend gekleidet. Er hatte sich für die Fete überhaupt nicht zurechtgemacht, _____ er schien sich bei uns wohlzufühlen.

Setze passende Beziehungswörter ein!

(4) er _____ kam in speckigen Klamotten an.
(5) _____ er in speckigen Klamotten ankam.

Was in einer ersten Wörtersammlung zu erwarten ist, dürfte etwa Folgendes sein:

Alle konnten es sehen: Sandra hatte sich für die Fete richtig aufgetakelt, …
(1) … **a b e r / d o c h** *er kam in speckigen Klamotten an.*
(2) … **demgegenüber / dagegen / hingegen / im Gegensatz dazu / indessen** *kam er in speckigen Klamotten an.*

(3) ... *er kam aber* / **jedoch** / **dagegen** / **hingegen** / **indessen** / **demgegenüber** *in speckigen Klamotten an.*

(4) ... *er aber* / **jedoch** / **dagegen** / **hingegen** / **indessen** *kam in speckigen Klamotten an.*

(5) ... <u>während</u> / <u>wohingegen</u> *er in speckigen Klamotten ankam.*

(Hierbei sind die gesperrt gesetzten Wörter nebenordnende Konjunktionen, die unterstrichenen unterordnende, die fett gedruckten sind Adverbien!)

Wir haben jetzt eine recht umfangreiche Ansammlung von Wörtern, mit denen wir Gegensatzbeziehungen ausdrücken können. Da sie mit dem Satz Unterschiedliches „machen", also auf unterschiedliche Weise auf die Satzgliedstellung einwirken, haben sie auch verschiedene kategoriale Bezeichnungen:

– nebenordnende Konjunktionen (*aber, doch*), die zwischen den Sätzen stehen und an der Satzgliedfolge nichts verändern;
– unterordnende Konjunktionen (*während, wohingegen*), die zwischen den Sätzen stehen, dabei aber das konjugierte Verb an das Satzende verweisen;
– Adverbien, adverbiale Ausdrücke (*demgegenüber, dagegen, indessen, im Gegensatz dazu*), die zum Satz selbst gehören und das Subjekt hinter das Verb verdrängen oder mitten im Satz stehen können.

Das beliebteste Gegensatzwort *aber* ist dabei vielfältig verwendbar: Es kann zwischen den Sätzen stehen (wie eine echte Konjunktion), es kann aber auch im Satz selbst an verschiedenen Stellen stehen (also eine verschiebbare Konjunktion). Eines aber kann es nicht: wie ein echtes Adverb das Subjekt verdrängen: **aber kam er in speckigen Klamotten an,* – das geht nicht!

Was haben unsere Schülerinnen und Schüler dabei erfahren und gelernt?

– Dass es mehr Wörter gibt, mit denen man Gegensatzbeziehungen ausdrücken kann, als man sich vorher vielleicht vorstellen konnte, – jedenfalls mehr, als man in seinem aktiven Wortschatz je angewendet hatte;
– dass man diese Wörter im eigenen Schreiben variieren kann;
– dass man Gegensätze mit Hilfe des Kontextes (also ohne explizite Wörter) oder eher schwach (z. B. durch *aber*) ausdrücken kann – oder deutlich verstärkt (z. B. durch Wörter wie *demgegenüber* oder *wohingegen* oder durch Verdoppelung: *aber ... dagegen, aber ... im Gegensatz dazu*);
– dass diese Wörter syntaktisch Unterschiedliches können und bewirken und deswegen verschiedenen Wortartenkategorien angehören, von denen man nun vielleicht etwas besser weiß, warum das so ist: Konjunktionen und Adverbien.

2. Einschränkungen und Korrekturen

Unser Schülertext ist nun allerdings nicht nur davon bestimmt, dass die Gegensatzbeziehungen nicht immer deutlich zum Ausdruck gebracht werden, sondern auch davon, dass Einschränkungen und Korrekturen des vorher Gesagten grammatisch fehlerhaft sind bzw. sich miteinander vermischen. So will die Schülerin an der Aussage *waren nicht nur die eingeladen, die wir schon lange kannten* mit **aber auch Sandra und Jens* eine Korrektur anbringen, die wir üblicherweise in die Form *nicht nur ... sondern auch* verpacken. Und mit der Aussage *Er sah zwar nicht gerade abgewrackt aus, *sondern er war absolut unpassend gekleidet* will die Schülerin gar nicht etwas zuvor Gesagtes korrigieren, sondern es nur einschränken, was wir üblicherweise mit *nicht ... aber doch* tun. Zugegeben: Das sind Nuancen! Aber wir haben dafür zum Glück fest gefügte Doppelausdrücke, deren ersten und zweiten Teil wir nicht vermischen dürfen: für die Korrektur oder den Widerspruch *nicht ... sondern* und für die bloße Einschränkung, in der beide Sätze etwas „Gemeinsames" (Peter Eisenberg) besitzen: *(zwar) nicht ... aber (doch)*.

Was manche nicht vollkommen beherrschen, ist eben dies: zwischen Gegensätzen, Einschränkungen und Korrekturen zu unterscheiden. Wenn wir einen solchen Fall in einem Schülertext feststellen, so sollten wir ihn einmal zum Anlass nehmen, um darüber zu sprechen und die Sache zu klären, wie ja Fehler überhaupt stets eine gute Gelegenheit sind, daraus etwas mehr zu lernen, als dass es sich eben nur um Fehler handelt. Nicht nur wissen, dass etwas falsch ist, sondern auch: warum!

Wir könnten nun versuchen, den Originaltext vorn auf Stellen hin zu untersuchen, die die Schüler als „falsch" oder „nicht ganz richtig" empfinden. Vielleicht kommt man mit einer sprachbegabten Klasse da schon zu ersten Ergebnissen. Auf jeden Fall aber sollten Sie die problematischen Sätze (und Parallelfälle dazu) für Experimente anbieten:

1. Gegensätze:
Für den Ausdruck wirklicher Gegensatzbeziehungen steht uns eine Fülle von Möglichkeiten zur Verfügung (Muster: *Ihr Kleid war billig, aber es sah toll aus*):
Sandra hatte sich für die Fete richtig aufgetakelt,
– unverbunden:
... er kam in speckigen Klamotten an.
– verbunden mit Hauptsatzkonjunktionen:
*... **und** er kam in speckigen Klamotten an.*
*... **aber/doch** er kam in speckigen Klamotten an.*
– verbunden mit Nebensatzkonjunktionen:
*... **wohingegen** er in speckigen Klamotten ankam.*

Material

(1) Es waren nicht nur die eingeladen, die wir kannten, _____ auch Sandra und Jens.

(2) Es gab nichts zu essen, _____ nur etwas zu trinken.

(3) Der Typ war kein bisschen cool, _____ er machte _____ sogar einen riesigen Terror.

(4) Er sah _____ nicht gerade abgewrackt aus, _____ er war _____ absolut unpassend gekleidet.

Erprobe, welche Wörter du in die Lücken einsetzen kannst:
einerseits ... andererseits, zwar ... aber, doch, sondern, im Gegenteil

...*während* *er in speckigen Klamotten ankam.*
– verbunden mit Adverbien:
...*demgegenüber* *kam er in speckigen Klamotten an.*
...*im Gegensatz dazu* *kam er in speckigen Klamotten an.*
...*hingegen/dagegen/indessen* *kam er in speckigen Klamotten an.*
...*er kam* *demgegenüber/dagegen/hingegen/indessen* *in speckigen Klamotten an.*
...*er* *demgegenüber/hingegen/dagegen/indessen* *kam in speckigen Klamotten an.*

2. Einschränkung:
Wenn wir den ersten Teilsatz mit einem zweiten nachträglich einschränken wollen, so tun wir das mit folgenden Mitteln (Muster: *Ihr Kleid war zwar nicht teuer, aber es sah toll aus*):
Er hatte sich für die Fete (zwar) nicht extra zurechtgemacht,
...*aber* *er fühlte sich (***doch***) einfach wohl.*
...*er fühlte sich* ***jedoch*** *einfach wohl.*
Er sah (zwar, einerseits) nicht gerade abgewrackt aus,
...*aber* *er war (***doch, andererseits***) absolut unpassend gekleidet.*

3. Korrekturen:
Wollen wir einen ersten Satz mit einem zweiten korrigierend erläutern,

Material

(1.1) Sie sah _____ nicht schlecht aus, _____ sie war doch ein bisschen blass.

(1.2) Ihr Kleid war _____ nicht teuer, _____ es sah toll aus.

Der zweite Teilsatz _____

(2.1) Sie war echt knatschig, _____ er _____ war in bester Stimmung.

(2.2) Ihr Kleid war billig, _____ es sah _____ toll aus.

Der zweite Teilsatz _____

(3.1) Sie war nicht zur Fete gegangen, _____ hatte sich lieber einen Film angesehen.

(3.2) Ihr Kleid war nicht teuer, _____ sah nur sehr teuer aus.

Der zweite Teilsatz _____

Erprobe, welche der folgenden Wörter in die Lücken passen:
dagegen, sondern, zwar ... aber, aber, jedoch, hingegen
Welche dieser Aussagen passt zu den drei Sätzen?
a) Der zweite Teilsatz ergänzt den ersten mit einer Korrektur.
b) Der zweite Teilsatz steht in echtem Gegensatz zum ersten.
c) Der zweite Teilsatz schränkt den ersten ein.

dann tun wir das folgendermaßen (Muster: *Ihr Kleid war nicht teuer, sondern sah nur sehr teuer aus*):
Er hatte sich für die Fete wohl nicht extra zurechtgemacht,
*… **sondern** war einfach (**nur**) in Alltagsklamotten gekommen.*
Er sah nicht gerade abgewrackt aus,
*… **sondern** er war (**nur**) absolut unpassend gekleidet.*

Zum Schluss dieser Einheit könnten sich die Schülerinnen und Schüler noch einmal den Originaltext der Schülerin vornehmen, mit dem wir dieses Kapitel eingeleitet haben. Jetzt sind sie gewiss imstande, ihn kompetenter zu korrigieren und an einigen Stellen zu verbessern. (Auch Restaurierungsarbeiten gehören ja zu den Aufgaben einer Werkstatt!)

Rhetorik und Stilistik der Satzgliedstellung

Warum setzt C. F. Meyer in seiner bekannten Ballade *Die Füße im Feuer* die Wörter nicht in eine Wortfolge, wie es sich eigentlich gehört:
Der Blitz zuckt wild. Ein Turm steht dort in fahlem Licht …
Ihm sträubt sich leis das Haar …
Die greise Schaffnerin bestellt den Abendtisch …
Der Edelmann tritt ein …
Sie starren ihn mit aufgerissnen Augen an …
Er füllt und übergießt den Becher …
Er folgt dem Diener taumelnd in das Turmgemach …
Er riegelt fest die Tür …
Der Sturm pfeift gell …
Das Ohr täuscht ihn …
Blei liegt auf seinen Lidern und er sinkt / schlummernd auf das Lager …
Ein Feuermeer sprüht auf …
Du hast mir teuflisch mein Weib gemordet …

Sie kennen sicher, was da steht, im Original (um im Meyerschen Duktus zu bleiben) – und haben längst als Selbstverständlichkeit gespeichert, was doch ist ganz was Besondres; sei es, weil es eingeprägt sich Ihnen hat – oder weil es als poetisch gilt für Sie. – Doch Scherz beiseite! Meyer hat seine Worte anders gesetzt, manchmal ganz besonders anders wie z. B. hier:
Leis sträubt sich ihm das Haar …
Eintritt der Edelmann …
Fest riegelt er die Tür …
Aufsprüht ein Feuermeer …
Gemordet hast du teuflisch mir / mein Weib …

Und eben darum soll es gehen: um die Rhetorik und Stilistik der Wortstellung im Satz, und dabei natürlich wieder nicht nur um das Wissen, dass es so etwas wie besonders gebildete („gebildete"?) Sätze gibt, sondern warum es so ist und welche Wirkung sie erzielen können, übrigens nicht nur in der Lyrik, sondern auch in der Prosa – und in ganz normalen Sachtexten auch.

Jemand, der mit einem anderen redet, wird vielleicht auf den Vorwurf der Böswilligkeit antworten:
Ich kann so etwas nicht gemeint haben.
Ich habe es vielleicht so gesagt.
Aber ich habe mir dabei doch nicht etwas Böses gedacht.
Das heißt: Er wird in der Regel Sätze in normaler (unmarkierter) Satzgliedstellung verwenden und beim Sprechen betonen, was er als wichtig erachtet; und betonen kann man in einem Satz beim Reden nahezu jedes Wort, egal, an welcher Stelle es steht. Beim Lesen aber kann man Betonung nicht hören, weswegen man sich beim Schreiben anderer Mittel bedienen muss, um die gemeinte Betonung dem Leser zu signalisieren. Das könnte man z. B. durch Kursivdruck tun oder durch Unterstreichungen, wie ich es oben in meinen Beispielen getan habe. Diese typographischen Mittel sind hier und da gebräuchlich – manchmal auch wirklich eine gute Lesehilfe. *Sie sind jedoch stilistisch nicht elegant.* Oder besser ohne Unterstreichung: *Stilistisch elegant sind sie jedoch nicht.* Meist verraten sie einen Schreiber, der die primären (linguistischen) Mittel nicht beherrscht und sich deshalb sekundärer (grafischer) gefühlvoll bedient.

Was habe ich mit diesem Beispielsatz getan? Es scheint trivial zu sein, doch es ist es durchaus nicht: Ich habe die größte Spannung aufgebaut, die ein solcher kurzer Satz hergibt, die zwischen *stilistisch* (am Satzanfang) und *nicht* (am Satzende), wobei ich das unbetonte Wort *sie* an der Stelle versteckt habe, an der es meist unbetont ist, nämlich hinter dem Verb. Das sah im Ausgangsbeispiel mit der Unterstreichung noch anders aus; denn hier spannte sich der Satz zwischen *sie* (am Satzanfang) und *elegant* (am Satzende), und die für die Mitteilungsabsicht entscheidenden Wörter *stilistisch* und *nicht* verbargen sich mitten im Satz.

Um das Verhältnis zwischen der Rhetorik der Rede und der Stilistik der Schreibe deutlich machen zu können, muss ich einiges erklären. In der Prosodie der mündlichen Rede können wir folgende Elemente unterscheiden:

1. Betonung:
Die Sprechmelodie (Melos) hebt und senkt sich beim Sprechen zwischen melodischen Höhen und melodischen Tiefen. Ein betontes Wort steht stets auf einem melodischen Höhepunkt, musikalisch gesprochen: bis zu einer Quart höher als ein unbetontes. Grundsätzlich können wir in einem

Satz den melodischen Höhepunkt an ganz unterschiedlichen Stellen setzen; doch in der Regel liegt er, zumal in kontextfreien Sätzen, am Anfang des Satzes, was Sie leicht erproben können, wenn Sie sich diesen Satz selbst vorlesen:

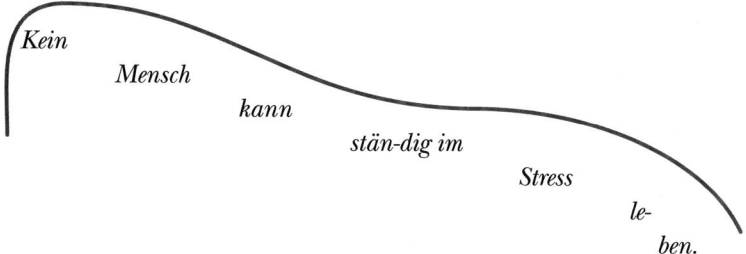

2. Akzentuierung:
Im Gegensatz zum Melos, also dem Höhenunterschied der Stimme, ist der Akzent durch Nachdrücklichkeit gekennzeichnet, durch stärkeren Atemdruck, durch größere Lautstärke. Stimmhöhe und Stimmakzent können zusammenfallen, müssen es aber nicht. So liegt in unserem Beispielsatz ein Akzent zweifellos auf *kein*, ein zweiter, der stärkere aber, auf *Stress*. Dieser letzte Akzent liegt zugleich fast auf dem melodischen Tiefpunkt.

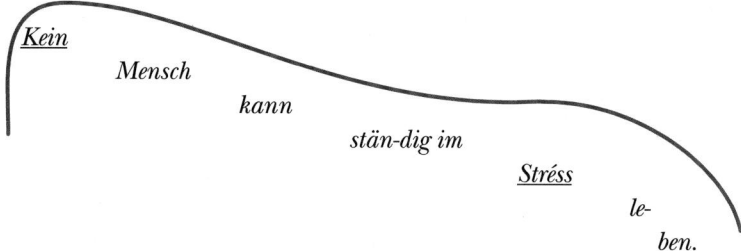

Natürlich kann ein Sprecher diesen Satz auch anders betonen und akzentuieren:

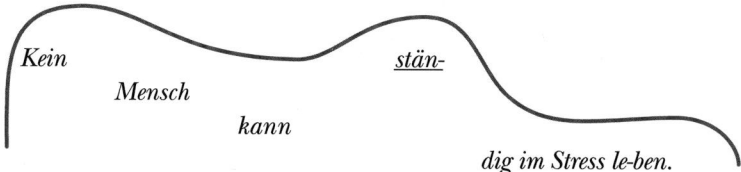

Doch eine solche Sprechweise ist von einem bestimmten situativen Kontext (in dem vielleicht von vorübergehendem Stress die Rede war) und einer bestimmten Redeabsicht abhängig. Sie zeigt nur an, was ich schon vorn betont habe: Nahezu jedem Wort kann der Sprecher in einer bestimmten Situation Gewicht verleihen. So lesen würden wir einen Satz ohne Kenntnis einer solchen Situation nicht.

Der Unterschied zwischen Betonung (also Stimmhöhe) und Akzentuierung (also Nachdruck der Stimme) dürfte auch sprechpsychologisch zu erklären sein: Die Betonung besitzt eine deutlich emotionale Komponente, der Akzent eine kognitive. Wir schrauben ja auch tatsächlich unsere Stimme in die Höhe, wenn wir erregt sind oder zumindest unsere Empfindungen ausdrücken wollen; aber wir verleihen ihr Nachdruck, wenn wir unserer Sache eher sicher sind.

Nun können wir freilich ganz ohne Akzent nicht betonen, doch umgekehrt ist eine deutliche Akzentuierung ohne Betonung möglich – und sogar die Regel, d. h. wir akzentuieren durchaus Wörter auf dem melodischen Tiefpunkt der Betonung. Das bedeutet aber nichts anderes, als dass die zumeist am Satzbeginn stehende „Ausdrucksstelle" eher betont wird und, besonders in markierten Satzstellungen, Emotion mit ausdrückt; die am Satzende stehende „Informationsstelle" jedoch lediglich akzentuiert – und also in aller Regel nicht emotional aufgeladen. Das macht ein Satz mit markierter Satzgliedstellung deutlich, der beinahe auch schon ein Ausrufezeichen erfordert:

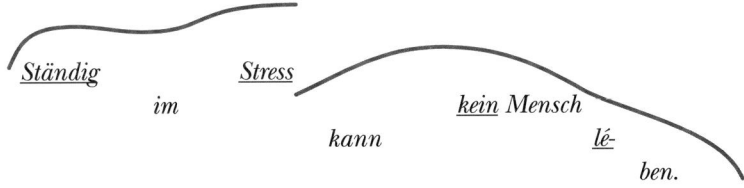

3. Tempo:
Das Tempo, in dem wir einen solchen Satz sprechen, läuft durchaus nicht roboterhaft von Silbe zu Silbe gleichmäßig voran. Manche Silben dehnen wir (====), manche Wörter verlangsamen wir beim Sprechen (wie *kein Mensch*), und dies sind in aller Regel die betonten und akzentuierten, und über manche Wortgruppen, stets die unbetonten, eilen wir stimmlich („„„„„„") mit etwas größerem Tempo hinweg (wie über *kann stän-dig im*).

4. Pausen:
Gemäß dem Tempo setzen wir auch kurze Pausen (I), längere besonders am Ende des Satzes (II). Aber auch, manchmal kaum bemerkbar, innerhalb eines Satzes (etwa hinter *Mensch* und *Stress*). So sähe die Prosodie unseres Beispielsatzes insgesamt etwa folgendermaßen aus:

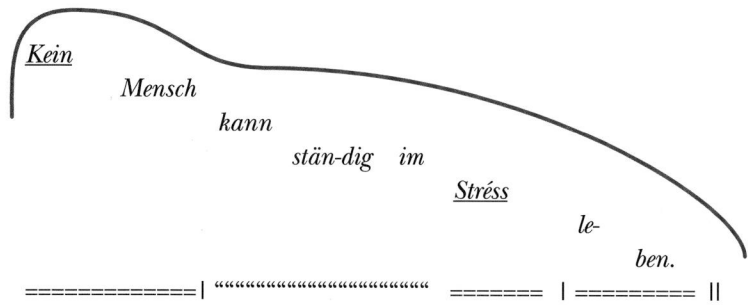

Schauen wir uns an, wie die einzelnen Informationen in einem solchen Satz verteilt sind – und von welcher Art sie sind. Zweifellos ist das Ganze eine Aussage über den Menschen. Er ist das Subjekt des Satzes wie in der überwiegenden Anzahl aller Beispielsätze überhaupt. Beginnen wir einen solchen Satz mit *Kein Mensch*, so referieren wir auf etwas, was wir kennen. Man nennt so etwas das „Thema" einer Aussage. Was wir danach erwarten, ist eine besondere Aussage *über* den Menschen. Welche Neuigkeit wird uns ein so begonnener Satz mitteilen? Nun, dass der Mensch nicht ständig im Stress leben kann. Eine solche Neuigkeit nennt man „Rhema". Im Satz steckt, so schreibt Ulrich Engel,
„der erste Teil (…) den Rahmen ab, innerhalb dessen die Aussage des zweiten Teils gültig sein wird. Der erste Teil ist vorläufiger Natur, der zweite Teil trägt das Hauptgewicht der Information. Der erste Teil ist schwächer betont, der zweite Teil trägt den Hauptton. Der erste Teil nennt oft (nicht immer) Bekanntes, der zweite bringt oft (nicht immer) Neues. Der erste Teil wird von der Forschung als ‚Thema', der zweite als ‚Rhema' bezeichnet." (1988, S. 72)
Was Engel über die Betonung sagt, ist recht undifferenziert. Nach meinen Darstellungen müsste es heißen: Betont ist das Thema, das Rhema hingegen ist akzentuiert. Einen plausiblen Hinweis gibt aber Engel dann, wenn er schreibt, warum das Wichtige des Satzes am Ende stehe:
„Das ist unter anderem sprechpsychologisch bedingt: Das zuletzt Gehörte haftet immer am nachhaltigsten im Bewusstsein, deshalb wird die wichtigste Information in der Regel zuletzt genannt." (Ebda. S. 73)
Die Prosodie des Sprechens wirkt sich natürlich auf das Lesen von Sätzen aus. Wenn wir einen Satz in unmarkierter Satzgliedstellung (a) mit einem in deutlich markierter (also ungewöhnlicher Satzgliedstellung) vergleichen (b), so bemerken wir schon beim leisen Lesen sehr wohl: Betont und akzentuiert werden beide nahezu an gleicher Stelle, nämlich: betont vorn – und akzentuiert hinten; betroffen davon ist aber das, was an diesen Stellen steht:
Als Heiko Annette besuchte, war sie noch mit Aufräumen beschäftigt.
(a) *Er hat ihr aber dabei nicht geholfen.*
(b) *Geholfen hat er ihr aber dabei nicht!*

Als Heiko Annette besuchte, war sie noch mit Aufräumen beschäftigt.

Satzanfangsfeld **THEMA**	**Mittelfeld** **RHEMA**	**Satzschlussfeld**
Feststellung (auf etwas Bekanntes bezugnehmend):	(z. T. auch <u>Thema</u>)	Aussage über das Thema, Neuinformation
<u>Subjekt</u>: <u>Nomen</u>: **Heiko**	hat <u>ihr</u> aber <u>dabei</u>	**nicht geholfen.**
oder Anschluss (auf eine Vorinformation bezugnehmend): <u>Subjekt</u>: <u>Pronomen</u>: **Sie**	hat <u>sich</u>	**über den Besuch nicht sehr gefreut.**
(Zeit-, Kausalbezug o. Ä.) <u>Adverbial</u>: **Deswegen**	hat <u>sie sich</u>	**über den Besuch nicht gefreut.**
RHEMA Ausdruck (Neuinformation herausstellend; emotional):		**RHEMA²**
z. B. <u>Objekt</u>: **Den Besen in ihrer Hand**	konnte <u>er</u>	**nur belächeln.**
z. B. <u>finites Verb</u>: **Geholfen**	hat <u>er ihr dabei</u> aber	**nicht.**

Material

Der unmarkierte, feststellende Satz (a) verläuft vom Bekannten (*er*), dem Thema also, zum Neuen und Wichtigen, dem Rhema (*nicht geholfen*); der markierte, emotionalere Satz (b) vom als wichtig herausgestellten und fast mit einem Vorwurf ausgedrückten, aufgespaltenen Rhema 1 (*geholfen*) zum noch wichtigeren Rhema 2 (*nicht*). Das Bekannte, das Thema (*er*), verschwindet dabei in der Versenkung nach dem Verb und geht im inneren Sprechtempo an dieser Stelle fast unter. Und wir haben doch nur mit den Augen gelesen – und gar nichts gehört! Das Schema auf S. 145 zeigt, wie die Satzanfangsstelle in einem kontextbezogenen Satz besetzt sein könnte.

So viel zu Ihrer Information. Dass Sie sie an die Schüler weitergeben, bevor Sie mit ihnen die folgenden experimentellen Erprobungen durchgeführt haben, daran denke ich selbstredend nicht. Beginnen könnten Sie vielmehr mit einem kleinen Text, der mit verschiedenen Alternativen der Satzgliedstellung versehen ist, aus denen die Schülerinnen und Schüler die jeweils überzeugendste für sich wählen sollen (siehe Material auf Seite 148 f.).

Erstaunlich bei einem solchen Experiment ist, dass nahezu immer bestimmte Varianten nur durch leises Lesen von einer deutlichen Mehrheit bevorzugt werden (b, d, e, h, j, n, p). Das heißt ja nichts anderes, als dass unser Sprachgefühl durch Sprech- und Leseerfahrungen so geprägt ist, dass wir auf solche kleinen Besonderheiten zu reagieren imstande sind. Wir wissen, dass dies oder jenes besser passt, uns besser „in den Ohren klingt", auch wenn wir gar nichts zum Klingen bringen. Bewusst gemacht aber, warum das so ist, haben wir uns dergleichen kaum einmal vorher.

Es sollte deutlich gemacht werden, dass die jeweiligen Varianten sich weder in ihrem Wortlaut noch in ihrer Bedeutung unterscheiden (bis auf die Ausnahme in den Sätzen m/n: Präteritum/Perfekt), sondern nur in der Stellung ihrer Satzglieder – und damit in ihrer Betonung und Akzentuierung, im Aufbau ihrer Spannung, in ihrer Emotionalität, in ihrer Hervorhebung des jeweils Wichtigen. An einzelnen Beispielen wären dann die Dinge zu verdeutlichen, die ich über Betonung und Akzentuierung sowie über Thema-Rhema-Struktur ausgeführt habe.

Eine Variante zu diesem Experiment, welche die Sensibilität beim Schreiben auf die Probe stellt, wäre, die in Material 2 in Satzglieder zerlegten Sätze a–g zunächst von den Schülern selbst formulieren zu lassen, dann die in Material 1 angegebenen Varianten ankreuzen zu lassen – und danach erst über die gewählten Schreib- und Lese-Varianten zu sprechen. Dabei kann man sehr gut erfahren, ob es Unterschiede gibt bei der Produktion und der Rezeption von Sätzen. So wählen die Schüler z. B. die Variante b in Material 1 beim Schreiben relativ selten, beim Lesen wird sie dann jedoch durchaus von vielen bevorzugt. Ein Zeichen für die Überzeugungskraft solch ungewöhnlicher Sätze beim Lesen!

Ähnlich verfahren könnten Sie mit einer der kurzen Geschichten Franz Kafkas (Material 3): umformulieren, die Fassungen vergleichen, Vergleich mit dem Original, Sprechen über die Thema-Rhema-Struktur (insbesondere der Sätze c, h, i, k, die eine besonders markierte Satzgliedfolge aufweisen).

Natürlich könnten Sie auch mit der eingangs erwähnten Ballade von C. F. Meyer, die Sie in jeder Anthologie finden, einmal so verfahren, indem Sie den Schülerinnen und Schülern, bevor Sie mit ihnen an eine Interpretation herangehen, Varianten einiger der am auffälligsten markierten Sätze zum Vergleich anbieten. Dabei habe ich nur solche Sätze ausgewählt, die nicht aus metrischen Gründen ihre besondere Stellung der Satzglieder erhalten haben, sondern ausschließlich das Rhema an den Anfang stellen, um dem Text eine besondere sinnliche Note zu verleihen. Tatsächlich hätten sie im Gedicht auch so stehen können, wie ich sie jeweils im ersten Beispiel umformuliert habe:

Der Blitz zuckt wild. Ein Turm steht dort in fahlem Lichte.
Wild zuckt der Blitz. In fahlem Lichte steht ein Turm.

Es stürmt. Du bist mein Gast. Was kümmert mich dein Kleid?
Es stürmt. Mein Gast bist du. Dein Kleid, was kümmert's mich?

Die greise Schaffnerin bestellt den Abendtisch.
Den Abendtisch bestellt die greise Schaffnerin.

Der Edelmann tritt ein: „Du träumst! Zu Tische, Gast ..."
Eintritt der Edelmann: „Du träumst! Zu Tische, Gast ..."

Er füllt und übergießt den Becher, stürzt den Trunk, ...
Den Becher füllt und übergießt er, stürzt den Trunk, ...

Er riegelt fest die Tür. Er prüft Pistol und Schwert.
Fest riegelt er die Tür. Er prüft Pistol und Schwert.

Der Sturm pfeift gell. Die Diele bebt. Die Decke stöhnt.
Gell pfeift der Sturm. Die Diele bebt. Die Decke stöhnt.

Ein Feuermeer sprüht auf und zischt, das ihn verschlingt ...
Aufsprüht und zischt ein Feuermeer, das ihn verschlingt ...

Aber auch am Beispiel eines journalistischen Textes sollten Sie einmal Umformulierungsproben durchführen. Ich habe dafür einen Text ausgewählt, der in seiner Thema-Rhema-Struktur deswegen missglückt ist, weil

„Ewige Liebe" (M 1)

Als Heiko Annette besuchte, war sie noch mit Aufräumen beschäftigt.
(a) Er hat er ihr aber dabei nicht geholfen.
(b) Geholfen hat er ihr aber dabei nicht.
Er fläzte sich vielmehr in den alten Sessel und schaute ihr zu.
(c) Sie war nicht gerade begeistert davon.
(d) Davon war sie nicht gerade begeistert.
Sie machte ihre Arbeit, als wäre er Luft für sie.
(e) Das wiederum konnte er nun gar nicht vertragen.
(f) Er konnte das wiederum nun gar nicht vertragen.
Aber so war sie nun einmal. Nach einiger Zeit wurde er richtig bissig.
(g) Er könne sich auch anderswo langweilen, sagte er.
(h) Langweilen könne er sich auch anderswo, sagte er.
„Kannst du das wirklich?", fragte sie. Er nickte.
(i) Sie könne sehr gut verzichten auf ihn als Zuschauer, sagte sie.
(j) Auf ihn als Zuschauer könne sie sehr gut verzichten, sagte sie.
„Dann kann ich ja gehen", sagte er.
Wie die Geschichte insgesamt ausging, wissen wir nicht.

(k) Für „ewige Liebe", die er ihr immer wieder geschworen hatte, ist ein solches Macho-Gehabe aber die beste Voraussetzung wohl nicht.
(l) Ein solches Macho-Gehabe ist aber wohl nicht die beste Voraussetzung für „ewige Liebe", die er ihr immer wieder geschworen hatte.
Das hat wahrscheinlich der gute Heiko auch eingesehen.
(m) Er verabschiedete sich jedenfalls nach einer halben Stunde.
(n) Jedenfalls hat er sich nach einer halben Stunde verabschiedet.
(o) „Ich bin ihn endlich los!", sagte sie zu sich selbst
(p) „Endlich bin ich ihn los!", sagte sie zu sich selbst
und pfiff vor sich hin – und arbeitete weiter.

Lies diesen Text leise durch.
Kreuze denjenigen Satz an, der dir jeweils überzeugender erscheint.
Zählt dann aus, ob sich eine deutliche Mehrheit der Stimmen für die eine oder andere Version ergibt.

„Ewige Liebe" (M 2)

Als Heiko Annette besuchte, war sie noch mit Aufräumen beschäftigt.

_____

_____

(a) hat geholfen nicht er ihr aber dabei.

Er fläzte sich vielmehr in den alten Sessel und schaute ihr zu.

_____

_____

(b) war begeistert sie nicht gerade davon.

Sie machte ihre Arbeit, als wäre er Luft für sie.

_____

_____

(c) konnte vertragen er das wiederum nun gar nicht.

Aber so war sie nun einmal. Nach einiger Zeit wurde er richtig bissig.

_____

_____

(d) könne sich langweilen er anderswo auch, sagte er.

„Kannst du das wirklich?", fragte sie. Er nickte.

_____

_____

(e) könne verzichten sie aber sehr gut auf ihn als Zuschauer, sagte sie.

„Dann kann ich ja gehen", sagte er.
Wie die Geschichte insgesamt ausging, wissen wir nicht. Für „ewige Liebe", die er ihr immer wieder geschworen hatte, ist ein solches Macho-Gehabe aber die beste Voraussetzung wohl nicht.
Das hat wahrscheinlich der gute Heiko auch eingesehen.

_____

_____

(f) verabschiedete/hat verabschiedet sich er jedenfalls nach einer halben Stunde.

_____

_____

(g) bin los ich ihn endlich, sagte sie zu sich selbst.

und pfiff vor sich hin – und arbeitete weiter.

Schreibe die Sätze a–g so auf, wie sie dir am besten in den fortlaufenden Text zu passen scheinen.

Material

Eine Kreuzung (M 3)

(nach Franz Kafka)

(a) Ich habe ein eigentümliches Tier, halb Kätzchen, halb Lamm.
(b) Es ist ein Erbstück aus meines Vaters Besitz.
(c) Es hat sich aber doch erst in meiner Zeit entwickelt,
(d) es war früher viel mehr Lamm als Kätzchen.
(e) Es hat jetzt aber von beiden wohl gleich viel.
Von der Katze Kopf und Krallen, vom Lamm Größe und Gestalt; von beiden die Augen, die flackernd und wild sind, das Fellhaar, das weich ist und knapp anliegt, die Bewegungen, die sowohl Hüpfen als Schleichen sind.
(f) Es macht sich im Sonnenschein auf dem Fensterbrett rund und schnurrt,
(g) es läuft auf der Wiese wie toll und ist kaum einzufangen.
(h) Es flieht vor Katzen,
(i) es will Lämmer anfallen.
(j) Sein liebster Weg in der Mondnacht ist die Dachtraufe.
(k) Es kann nicht miauen und
(l) es hat Abscheu vor Ratten.
(m) Es kann stundenlang neben dem Hühnerstall auf der Lauer liegen, doch
(n) es hat noch niemals eine Mordgelegenheit ausgenutzt …

Die Sätze a–n mit ihrem stereotypen Anfang sind bei Kafka variabler gestaltet.
Setze dasjenige Satzglied an den Anfang, das im Kontext einen angemesseneren Thema-Rhema-Bezug herstellt.

Der Text „Eine Kreuzung" von Franz Kafka ist abgedruckt in: Max Brod, Joachim Schoeps (Hg.): Beim Bau der Chinesischen Mauer. Berlin 1931, S. 82 f.

Florenz will Eintrittsgeld (M 4)

Künftig soll 2000 Lire (drei Mark) Eintrittsgeld zahlen, wer mit dem Auto nach Florenz möchte. Verkehrsstadtrat Giani stellte nach Zeitungsberichten diese Forderung am letzten Wochenende auf. Im September wird das Stadtparlament über seinen Vorschlag beraten. Die steigende Luftverschmutzung wird man damit senken können, wie man hofft. Täglich quälen sich nämlich über 50.000 Autos durch die Kunstmetropole Florenz. Zur Sanierung der öffentlichen Verkehrsbetriebe wäre ein „Eintrittsgeld", wie es heißt, auch ein willkommener Beitrag.

Dieser Text bedient sich eines schlechten journalistischen Stils. Achte besonders auf die Satzanfänge und Satzschlüsse! Schreibe den Text so um, dass die Aufmerksamkeit auf die Anschlüsse am Anfang und auf das für die Information Wichtigste am Ende der Sätze gerichtet wird.

er an die Anfangsstelle einiger Sätze nicht, wie es für einen kommunikationsfreundlichen Stil angemessen wäre, das „Thema" setzt, das die Beziehung zum vorausgehenden Satz aufnimmt, sondern einige Male mit dem für die Information Wichtigen, das am Satzende besser gewichtet werden könnte, mit der Tür ins Haus fällt. Stattdessen stehen am Satzende manchmal ganz unbedeutende Teile, die dann durch eben diese Stellung auf unangemessene Weise akzentuiert werden.

Sie könnten den Schüler auch das sprachliche Material (5) für einen solchen Text geben, mit dem sie die Meldung selbstständig (unter Aufnahme aller Informationen!) formulieren sollen. Über die Textfassungen wird dann, die Thema-Rhema-Struktur betreffend, miteinander gesprochen: Vergleichen durch (stilles!) Lesen und eine Bewertung der Textfassungen!

Material

Informationsmaterial für einen journalistischen Text (M 5)

Wer
möchte
mit dem Auto
nach Florenz,
soll zahlen
Eintrittsgeld
2000 Lire (drei Mark)
künftig.
Stellte auf
nach Zeitungsberichten
diese Forderung
Verkehrsstadtrat Giani
am letzten Wochenende.
Wird beraten
im September
das Stadtparlament
über seinen Vorschlag.
Wird
man
damit,
wie man hofft,
senken können
die steigende Luftverschmutzung.
Quälen sich
nämlich
über 50.000 Autos
durch die Kunstmetropole Florenz
täglich.
Wäre
auch
ein willkommener Beitrag
zur Sanierung der öffentlichen Verkehrsbetriebe
ein „Eintrittsgeld",
wie es heißt.

Schreibe eine Meldung für die Zeitung, indem du alle oben genannten Informationen aufnimmst und in den Text einarbeitest.

Und so etwa könnte der Text in gutem journalistischen Stil aussehen:

Florenz will Eintrittsgeld

Wer mit dem Auto nach Florenz möchte, soll künftig 2000 Lire (drei Mark) Eintrittsgeld zahlen. Diese Forderung stellte nach Zeitungsberichten am letzten Wochenende Verkehrsstadtrat Giani auf. Das Stadtparlament wird im September über seinen Vorschlag beraten. Damit wird man, wie man hofft, die steigende Luftverschmutzung senken können. Durch die Kunstmetropole Florenz quälen sich nämlich täglich über 50.000 Autos. Ein „Eintrittsgeld" wäre auch, wie es heißt, ein willkommener Beitrag zur Sanierung der öffentlichen Verkehrsbetriebe.

Werkstattarbeit in der Sekundarstufe II

Sprachreflexion hat in der Sekundarstufe II eine weitgehend untergeordnete Bedeutung. Anlässlich von „Verstößen gegen Sprachrichtigkeit" in Aufsätzen wird gewiss hier und da noch einmal über Sprache reflektiert (Beziehungen der Sätze zueinander, Zeitformengebrauch, Kongruenz usw.); auch am Beispiel von bestimmten grammatischen Strukturen bei der Analyse von Literatur wird hier und da im Ansatz eine „linguistische Poetik" betrieben; eine systematische Betrachtung von grammatischen Kategorien wie dem System der Tempora, den Konjunktiven, den Satzgefügen usw. ist jedoch selten. Das Wissen Studierender über grammatische Sachverhalte ist in den ersten Semestern an der Universität jedenfalls ungleich geringer als das über literarische Sachverhalte. Gewiss ist das in erster Linie auf Richtlinien und Lehrpläne zurückzuführen. So wird das Wissen über sprachliche Strukturen in der Sekundarstufe II zwar vorausgesetzt, wo es aber nicht vorhanden ist, wird es weder auf höherem Niveau noch einmal vermittelt noch gar erweitert. Ich möchte daher wenigstens mit einigen Modellvorschlägen dazu anregen, linguistische Betrachtungen durchzuführen, die sich einerseits an verbreiteten Fehlern der Schüler orientieren, andererseits an literarischen Texten, die ohnehin im Mittelpunkt des Unterrichts in der Sekundarstufe II stehen.

Experimente mit den Konjunktiven

Der folgende Text enthält auf engstem Raum die verschiedenen Verbformen des Indikativs und des Konjunktivs I und II in unterschiedlichen Zeitformen. Es ist eine Mischung aus Erzählpassagen und verquerem Gedankenspiel, das das Denken zweier alter Männer charakterisiert, – übrigens zweier unterschiedlicher Typen, deren Denken über ihren jeweiligen Partner auch recht verschieden ist und einen ganz unterschiedlichen Raum einnimmt. Nachdem die Schülerinnen und Schüler mit diesem Text ihre Experimente durchgeführt haben, ließe sich sehr gut Franz Kafkas *Auf der Galerie*, also die kurze Geschichte von der Zirkusreiterin, auf ähnliche Weise behandeln.

Ob eine kurze Einführung in die Konjunktive notwendig ist, hängt von der sprachlichen Sensibilität und dem Wissen der Schüler ab. Da es aber in unserem Experiment zunächst nicht auf Richtigkeit ankommt, sondern

Zwei alte Männer

(von Wolfgang Menzel)

Ohne seine Hilfe, dachte Rahn, würde sein Kumpan Polheim es niemals schaffen. Er wäre ja nicht einmal imstande, den richtigen Zug auf dem Bahnhofsfahrplan ausfindig zu machen. Und mit großer Wahrscheinlichkeit stiege er, hätte er tatsächlich mit Hilfe des Auskunftsbeamten den richtigen Bahnsteig gefunden, in den in die Gegenrichtung fahrenden Zug ein, führe, sicherlich ohne es zunächst zu bemerken, nach Norden anstatt nach Süden. Um sein Orientierungsvermögen ist es seit einiger Zeit ohnehin schlecht bestellt! Rahn stellte sich Polheims Verwirrung vor, wenn ihn der Schaffner, so zwischen Celle und Uelzen, auf seinen Irrtum aufmerksam machte; den cholerischen Zorn, den er auf den Schaffner, der doch nur um Tatsachen bemüht ist, ablüde: Er habe sich doch extra bei der Auskunft erkundigt, sei genau auf den ihm angegebenen Bahnsteig gegangen und sei in den genau zum richtigen Zeitpunkt abfahrenden Zug gestiegen. Und jetzt komme er daher und behaupte ... und so weiter. – Wahrscheinlich seien zwei Züge zum gleichen Zeitpunkt vom gleichen Bahnsteig abgefahren, so etwas komme vor. Und vielleicht habe er sich mit der Fahrtrichtung nicht ausgekannt, so etwas komme bei älteren Herren ebenfalls vor. Jedenfalls sitze er im falschen Zug ... und so weiter. Rahn lachte in sich hinein. Polheim bliebe nichts anderes übrig, als auf dem nächsten Bahnsteig auszusteigen, wahrscheinlich in Uelzen oder gar erst in Lüneburg, jedenfalls nicht in Göttingen, wohin er ja auf seine alten Tage unbedingt noch einmal hatte fahren wollen. Um seine Tochter zu besuchen, wie er behauptete! Er würde vielleicht sogar nachlösen müssen, der Geizkragen, da er außerstande wäre, sich hilflos zu stellen, sondern sich, im Gegenteil, rechthaberisch gebärdete, was den Schaffner gegen ihn aufbringen würde. Und wenn er, in Uelzen oder in Lüneburg, nach erneuten umständlichen Erkundigungen, endlich erführe,

dass er zwei Stunden auf den Zug zurück nach Hannover und dann nach Göttingen würde warten müssen ... gar nicht auszudenken! Rahn lachte in sich hinein. Polheim wäre ohne seinen, Rahns, Beistand völlig hilflos. Und es bereitete Rahn große Lust, sich diese Hilflosigkeit farbig auszumalen, gerade weil sein Kumpan sie ihm gegenüber niemals eingestanden hätte. Immer selbstsicher. Nie zweifelnd. Nein, Hilfe benötige er nicht! Er komme noch immer sehr gut alleine zurecht! Dabei war Polheim vier Jahre älter als er. Man sollte ihn nur wirklich einmal in die Irre gehen lassen, damit er endlich einsähe, dass ... Aber ließe der sich in seiner Sicherheit erschüttern, selbst wenn er tatsächlich in den falschen Zug gestiegen wäre? Ist der überhaupt zu erschüttern? Natürlich gäbe er, wie immer, die Schuld irgendeinem anderen! Vielleicht käme er sogar auf die absurde Idee, dass es seine, Rahns, Absicht gewesen sei, ihn durch unterlassene Hilfeleistung in die Irre zu schicken, oder dass er, Rahn, gar ein abgekartetes Spiel mit dem Auskunftsbeamten gespielt haben könnte? Wie er seinen Polheim kannte: Dem wäre alles zuzutrauen, nur nicht, dass er sich selbst geirrt haben könnte. – Wie aber, auch das wäre ja denkbar, wenn Polheim zufällig in den richtigen Zug stiege und Göttingen ohne Umstände erreichte? Die Chancen ständen ja immerhin fifty-fifty. Wie man's auch wendet, es wäre auf jeden Fall besser, man entschlösse sich, Polheim zum Bahnhof zu begleiten und ihn, auch gegen seinen Widerstand, in den richtigen Zug zu setzen.
Was dem wohl wieder im Kopf herumgeht? fragte sich Polheim, als er seinen Koffer abschloss. Sicherlich dass ich in den falschen Zug steigen könnte. Polheim lachte in sich hinein: Soll er mich doch in Gottes Namen zum Bahnhof bringen! Was habe ich nicht schon alles an menschenfreundlicher Passivität investiert, nur um den Alten nicht überflüssig erscheinen zu lassen!

auf die nachträgliche Korrektur des weniger Überzeugenden, können Sie den Lückentext unten durchaus ohne jede Vorbereitung mit den Schülern erarbeiten. In den anschließenden Besprechungen sollte sich herausstellen, wem es mehr oder weniger überzeugend gelungen ist, dem poetischen Text Kontur zu verleihen. Hier nur so viel:

Der Konjunktiv I, der aus den Verbformen des Präsens, Perfekts und Futur I gebildet wird, dient in der Regel der Unterscheidung von Erzählmodus der direkten Rede (im Indikativ) und indirekter Redewiedergabe:

Sie sagte: „Ich gehe ins Kino. Ich habe mir das Geld dafür geliehen."
Sie sagte, sie gehe ins Kino. Sie habe sich das Geld dafür geliehen.
Sie sagte: „Ich bin ins Kino gegangen (auch: *ging ins Kino)."*
Sie sagte, sie sei ins Kino gegangen.
Sie sagte: „Ich werde ins Kino gehen."
Sie sagte, sie werde ins Kino gehen.

In ununterscheidbaren Pluralformen tritt in der indirekten Rede statt des Konjuntiv I der Konjunktiv II als „Ersatzform" ein:

Sie sagten: „Wir gehen ins Kino. Wir haben haben uns das Geld dafür geliehen (auch: *liehen uns)."*
Sie sagten, sie gingen (nicht: *gehen!*) *ins Kino. Sie hätten* (nicht: *haben!*) *sich das Geld dafür geliehen.*

Der Konjunktiv II, der aus den Formen des Präteritums und Plusquamperfekts und mit der Würde-Umschreibung gebildet wird, dient vornehmlich der Kennzeichnung von Gedankenspielen, von Hypothetischem und Irrealem:

Sie sagte, ich ginge ja gern ins Kino (würde …. gehen), wenn ich nur Geld hätte.
Sie stellte sich vor, sie hätte im Lotto gewonnen und brächte (würde … bringen) nächste Woche das Geld sofort auf ihr Sparkonto.

Wenn der Schreiber an der Wahrheit oder Richtigkeit des in indirekter Rede Gesagten Zweifel hegt, kann er dies durch den Konjunktiv II signalisieren:

Sie sagte, sie hätte (statt *habe*) *sich das Geld geliehen. Aber ich glaube ihr nicht.*

Exemplifizieren wir das an einem Text, an dessen Konstitution die beiden Konjunktive wesentlich beteiligt sind (siehe Material S. 158 f.). Bei diesem Text handelt es sich um das krause Gedankenspiel eines alten Mannes in einem Seniorenheim, der sich ausdenkt, was seinem Mitbewohner, der von Hannover nach Göttingen fahren möchte, alles passieren könnte, wenn er ihn nicht zum Bahnhof bringt. Für ein solches Spiel mit ausgedachten Möglichkeiten eignen sich natürlich besonders gut Verbformen im Konjunktiv II, die allerdings aber auch ersetzt werden können durch Würde-Umschreibungen. Doch bei ständiger Wiederholung wirken diese etwas schwerfällig. In diesem Gedankenspiel enthalten sind außerdem Dialogteile wie zum Beispiel das Gespräch zwischen dem alten Polheim und dem Zugschaffner, und zwar manchmal ganz unvermittelt und ohne Ankündigung durch einen Begleitsatz, sodass man die Rede überhaupt nur an ihrer Form erkennen kann, also am Konjunktiv I, in dem ja indirekte Reden in aller Regel stehen.

Wie könnte man nun verfahren? Es ist möglich, den Originaltext zunächst durchlesen zu lassen, ehe die Schüler an die Aufgabe gehen, die Verbformen in den folgenden Lückentext einzusetzen. Dann haben sie wenigstens schon einmal einen ersten Einblick in die stilistischen Mittel des Textes gewonnen. Es wäre aber auch durchaus möglich, den Lückentext ohne vorherige Einsicht in das Original zu bearbeiten. Dann sollte man den Schülern am besten die folgenden Hinweise zu lesen geben:

Die erste Aufgabe besteht darin, die Vorstellungen des alten Rahn von den Redeteilen zu unterscheiden; man könnte z. B. die Redeteile markieren. Die zweite Aufgabe besteht darin, die Verbformen einzusetzen, welche Gedankenspiel und indirekte Rede kennzeichnen. Die Verben selbst sind in Klammern angegeben. In die Leerzeilen wären die Verbformen einzutragen. Da es oftmals verschiedene Möglichkeiten gibt, insbesondere was die Würde-Umschreibungen und die Zeitformen betrifft, sind mitunter mehr Leerzeilen vorhanden als je nach der Form, die man wählt, gefüllt werden müssten.

Die Frage am Ende dieses Experiments ist: Wer hat in den Text welche Formen (im Indikativ, im Konjunktiv I oder II und in welchen Tempora) eingetragen? Überzeugt beim anschließenden Vorlesen die eine Form mehr als die andere? Und was ergibt am Ende der Vergleich mit dem Originaltext? Wer kommt ihm am nächsten? Wer meint, dass die eigene Lösung die bessere sei? – Auf jeden Fall ist das Ganze ein recht anspruchsvolles Spiel mit dem Gebrauch der Modi und Tempora und eine Kontrolle des eigenen Sprachbewusstseins.

Kann man dabei auch Fehler machen? Fehler in der Sprachrichtigkeit, insofern man unmotiviert die Zeitformen wechselt. Auch: indem die indirekten Reden nicht unterschieden werden von den Gedankenspielen. Natürlich könnten auch falsche Verbformen vorkommen, wenn jemand z. B. nicht weiß, wie etwa der Konjunktiv II von *erfahren* gebildet wird. Doch ansonsten sind vielfach Alternativen möglich zwischen Indikativ und Konjunktiv, auch manchmal zwischen verschiedenen Zeitformen. Entscheidender als grammatische Richtigkeit dürfte insgesamt stilistische Wirksamkeit sein. Ohne die Artistik der Konjunktive käme die Ironie dieses Textes wohl nur unzulänglich zum Ausdruck.

Material

Zwei alte Männer

Ohne seine Hilfe, dachte Rahn, (schaffen) _____ sein Kumpan Polheim es niemals _____. Er (imstande sein) _____ ja nicht einmal _____, den richtigen Zug auf dem Bahnhofsfahrplan ausfindig zu machen. Und mit großer Wahrscheinlichkeit (einsteigen) _____ er, (finden) _____ er tatsächlich mit Hilfe des Auskunftsbeamten den richtigen Bahnsteig _____, in den in die Gegenrichtung fahrenden Zug _____, (fahren) _____, sicherlich ohne es zunächst zu bemerken, nach Norden anstatt nach Süden _____. Um sein Orientierungsvermögen ist es seit einiger Zeit ohnehin schlecht bestellt! Rahn stellte sich Polheims Verwirrung vor, wenn ihn der Schaffner, so zwischen Celle und Uelzen, auf seinen Irrtum aufmerksam (machen) _____; den cholerischen Zorn, den er auf den Schaffner, der doch nur um Tatsachen bemüht ist, (abladen) _____: Er (erkundigen) _____ sich doch extra bei der Auskunft _____, (gehen) _____ genau auf den ihm angegebenen Bahnsteig _____ und (einsteigen) _____ in den genau zum richtigen Zeitpunkt abfahrenden Zug _____. Und jetzt (kommen) _____ er daher und (behaupten) _____ ... und so weiter. – Wahrscheinlich (abfahren) _____ zwei Züge zum gleichen Zeitpunkt vom gleichen Bahnsteig _____, so etwas (vorkommen) _____. Und vielleicht (auskennen) _____ er sich mit der Fahrtrichtung nicht

_____, so etwas (vorkommen) _____ bei älteren Herren ebenfalls _____. Jedenfalls (sitzen) _____ er im falschen Zug ... und so weiter. Rahn lachte in sich hinein. Polheim (bleiben) _____ nichts anderes übrig _____, als auf dem nächsten Bahnsteig (aussteigen) _____, wahrscheinlich in Uelzen oder gar erst in Lüneburg, jedenfalls nicht in Göttingen, wohin er ja auf seine alten Tage unbedingt noch einmal hatte fahren wollen. Um seine Tochter zu besuchen, wie er behauptete! Er (müssen) _____ vielleicht sogar nachlösen _____, der Geizkragen, da er außerstande (sein) _____, sich hilflos zu stellen, sondern, im Gegenteil, sich rechthaberisch (gebärden) _____, was den Schaffner gegen ihn (aufbringen) _____. Und wenn er, in Uelzen oder in Lüneburg, nach erneuten umständlichen Erkundigungen, endlich (erfahren) _____, dass er zwei Stunden auf den Zug zurück nach nach Göttingen (müssen) _____ warten _____ ... gar nicht auszudenken! Rahn lachte in sich hinein. Polheim wäre ohne seinen, Rahns, Beistand völlig hilflos. Und es bereitete Rahn große Lust, sich diese Hilflosigkeit farbig auszumalen, gerade weil sein Kumpan sie ihm gegenüber niemals (eingestehen) _____. Immer selbstsicher. Nie zweifelnd. Nein, Hilfe (benötigen) _____ er nicht! Er (kommen) _____ noch immer sehr gut alleine zurecht! Dabei war Polheim vier Jahre älter als er. Man sollte ihn nur wirklich einmal in die Irre gehen lassen, damit er endlich (einsehen) _____, dass ... Aber (lassen) _____ der sich

Material

in seiner Sicherheit erschüttern, selbst wenn er tatsächlich in den falschen Zug (steigen) _____? Ist der überhaupt zu erschüttern? Natürlich (geben) _____ er, wie immer, die Schuld irgendeinem anderen! Vielleicht (kommen) _____ er sogar auf die absurde Idee, dass es seine, Rahns, Absicht (sein) _____, ihn durch unterlassene Hilfeleistung in die Irre zu schicken, oder dass er, Rahn, gar ein abgekartetes Spiel mit dem Auskunftsbeamten (spielen können) _____? Wie er seinen Polheim kannte: Dem (sein) _____ alles zuzutrauen, nur nicht, dass er sich selbst geirrt haben könnte. – Wie aber, auch das (sein) _____ ja denkbar, wenn Polheim zufällig in den richtigen Zug (steigen) _____ und Göttingen ohne Umstände (erreichen) _____? Die Chancen (stehen) _____ ja immerhin fifty-fifty. Wie man's auch wendet, es (sein) _____ auf jeden Fall besser, man (entschließen) _____ sich, Polheim zum Bahnhof zu begleiten und ihn, auch gegen seinen Widerstand, in den richtigen Zug zu setzen.

Was dem wohl wieder im Kopf herumgeht?, (fragen) _____ sich Polheim, als er seinen Koffer (abschließen) _____. Sicherlich dass (ich/er) _____ in den falschen Zug (steigen können) _____. Polheim (lachen) _____ in sich hinein: (Sollen) _____ er (mich/ihn) _____ doch in Gottes Namen zum Bahnhof bringen! Was (ich/er investiert haben) _____ nicht schon alles an menschenfreundlicher Passivität _____, nur um den Alten nicht überflüssig erscheinen zu lassen!

Setze die passenden Verbformen ein!

Probleme mit Finalsätzen

Wer, wie ich, ständig Referate zu lesen hat, dem begegnen häufiger Sätze wie diese. Schülerinnen und Schüler, Studentinnen und Studenten scheinen hier und da Schwierigkeiten mit solchen Finalsätzen zu haben. Und deswegen möchte ich hier einmal besprechen, worin die Schwierigkeiten liegen und wie man den Tücken finaler Infinitivsätze begegnen kann.
(a) Sie arbeitet Tag und Nacht, um ihre Klausur zu bestehen (bestehen zu können).
(b) Sie arbeitet Tag und Nacht, damit sie ihre Klausur besteht (bestehen kann).
Diese Sätze gehören in die semantische Kategorie der Finalsätze. Sie verbinden den Inhalt eines Vorgangs oder Sachverhalts (*arbeiten*) mit dem Gedanken einer Absicht oder eines Ziels (*Klausur bestehen wollen*). Das *Bestehen* der Klausur ist Ziel und Zweck des *Arbeitens*; das *Arbeiten* geschieht bereits mit der Intention, das *Bestehen* der Klausur zu erreichen. Dabei ist der von der Absicht bestimmte Sachverhalt (*arbeiten*) als tatsächlich gegeben anzusehen, das Ziel aber (*Klausur bestehen*) als später erwartet. Ob es tatsächlich eintreffen wird oder nicht, ist offen. Aus diesem Grund wird der offene Sachverhalt auch gern modal ausgedrückt (*kann, möchte*).

Die Sätze a und b sind Beispiele dafür, wie Finalität grundsätzlich zum Ausdruck gebracht werden kann. Es handelt sich bei ihnen um Satzgefüge, bei denen der Nebensatz nachgestellt ist. Doch man kann ihn auch voranstellen, womit das Gefüge eine deutlich höhere Erwartung erzeugt (*Um ihre Klausur bestehen zu können / Damit sie ihre Klausur bestehen kann, arbeitet sie Tag und Nacht*).

(c) <u>Sie</u> lernt fleißig mit ihrem <u>Freund</u>, um die Klausur auch wirklich gut zu bestehen.
(d) Ihr <u>Freund</u> lernt fleißig mit <u>ihr</u>, damit <u>sie</u> die Klausur auch wirklich gut besteht (bestehen kann).
(e) * Ihr <u>Freund</u> lernt fleißig mit <u>ihr</u>, um die Klausur auch wirklich gut zu bestehen.
(f) * Ihr <u>Freund</u> lernt fleißig mit <u>ihr</u>, um <u>ihre</u> Klausur auch wirklich gut zu bestehen.

Die erste Gruppe von Sätzen unterscheidet sich nun von dieser zweiten (c–f) dadurch, dass hier nicht nur von einer einzigen Person die Rede ist, sondern von zweien (*sie* und *ihr Freund*). Da in diesen Fällen beide Personen eine Absicht verfolgen können, muss geklärt sein, wer in welchem Falle etwas beabsichtigt. Das bleibt in den Sätzen e und f aber unklar – und zwar aus einem einfachen Grund: Ein Infinitivsatz (wie e) enthält, anders als ein konjunktionaler Nebensatz (wie d), kein eigenes Subjekt, mit dem er sich auf eine im Hauptsatz genannte Größe zurückbeziehen könnte. Da das so ist, wird in einem Infinitivsatz mit um ... zu in der Regel das Subjekt des Hauptsatzes mitgedacht; es wird eine „Subjektkontrolle" durchgeführt (vgl. Eisenberg 1994, S. 393). Diese ermöglicht es zum Beispiel im Infinitivteil des Satzes c, obwohl er keinen unmittelbaren Verweis auf eine vorausgehende Größe enthält, mittelbar die richtige Zuordnung vorzunehmen – und also die als Subjekt auftretende Person als Intendierende mitzudenken.

Mitgedacht wird konsequenterweise auch im Nebensatz e) das Subjekt (*ihr Freund*). Der Kontext der vorausgehenden Sätze legt aber nahe, sie als diejenige anzusehen, die die Absicht hat, ihre Klausur zu bestehen. Klar wären die Verhältnisse bei anderer „Verteilung" der Personen auf die syntaktischen Größen, wie dies in Satz c der Fall ist, wo *sie* an Subjektstelle steht. In diesem Fall wirkt das Subjekt in den Nebensatz hinein und lässt keinerlei Zweifel aufkommen. Die „Subjektkontrolle" gelingt. Ähnlich unklar ist auch Satz f, der in der vorliegenden Form ebenfalls als „ungrammatisch", richtiger: pragmatisch missverständlich, anzusehen ist, obwohl im Infintivsatz durch das Pronomen *ihre* auf die intendierende Person ausdrücklich hingewiesen wird. Die Auswirkungen des Subjekts auf den Bedeutungstransfer in den Infinitivsatz sind aber wirksamer als die eines Objekts.

(g) Es muss noch fleißig gearbeitet werden, um die Klausur bestehen zu können.
(h) Hilfen müssen in Anspruch genommen werden, um keine Probleme zu bekommen.
(i) *Manchmal muss auch Trost gespendet werden, um nicht alles hinzuschmeißen.

Passivsätze wie diese haben einerseits ein syntaktisches Subjekt (*es, Hilfen, Trost*) und andererseits ein „logisches" oder semantisches „Subjekt", im Falle von Finalsätzen ein Agens (einen „Täter"), das etwas beabsichtigt. Dieses Agens kann in Passivsätzen grundsätzlich ausgespart werden. Es wird dann zwar oft aus dem Kontext heraus mitgedacht, muss aber nicht eigens verbalisiert sein. In den Sätzen g und h ist ohne Probleme mitzudenken (und wäre auch einfügbar) eine Wortgruppe wie *von ihr: Es muss noch fleißig (von ihr) gearbeitet werden*. Dies macht es möglich, dass die Beabsichtigende dann auch im nachfolgenden Infinitivsatz mitgedacht wird.

Es ist also durchaus nicht immer das syntaktische Subjekt, das Eindeutigkeit garantiert, sondern es kann in solchen Fällen auch das semantische „Subjekt", also das Agens sein. Anders ist dies im Satz i. Hier ist *Trost* das syntaktische Subjekt, das semantische aber ist ohne Zweifel (wenn wir im Kontext bleiben) *ihr Freund*, wie der Satz *Manchmal muss (von ihrem Freund) Trost gespendet werden* zeigt. Was wird nun aber im Infinitivsatz mitgedacht? Ohne Zweifel sie (*damit sie nicht alles hinschmeißt*). Man sieht: Wenn das syntaktische *und* das logische Subjekt des Hauptsatzes mit dem im Nebensatz mitzudenkenden Subjekt nicht übereinstimmen, bleibt unklar, von wem dort die Rede ist. Der Satz i ist also aufgrund seiner Grammatik pragmatisch verunglückt. Er wird erst richtig, wenn die Beabsichtigende an Subjektstelle genannt wird: *Manchmal muss sie Trost bekommen, um nicht alles hinzuschmeißen.*

Gegen die Anmerkung „ungrammatisch" oder „falscher Bezug" oder „missverständlich" (seitens kritischer Korrigierer) angesichts solcher Ausdrücke wird nun immer wieder von vielen, also von SchreiberInnen in Schulen und Universitäten, argumentiert, dass die Sache von der Bedeutung her doch eigentlich klar sei; dass doch aus dem Zusammenhang hervorgehe, wer hier was beabsichtige, und dass man als Lehrender rein formal vorgehe und böswillig eine Ausdrucksweise als missverständlich erkläre, die man ja doch richtig verstanden habe, sonst hätte man sie nicht korrigieren können. In der Tat geht es in den meisten Fällen nicht um die Bedeutung; die interpretiert der Leser zumeist durchaus der Textintention entsprechend richtig. Aber – er muss sie eben erst interpretieren, und zwar in aller Regel erst, nachdem er den ganzen Satz durch- und noch einmal zurückgelesen hat. Nicht das Verständnis ist prinzipiell unmöglich gemacht, sondern die rasche Informationsentnahme ist durch vorübergehende Irritationen gestört. (*Ihr Freund lernt fleißig mit ihr,* um so denkt man weiter: *ihr das Bestehen der Klausur zu ermöglichen* – stattdessen erscheint: *die Klausur zu bestehen.*) Unsere sprachliche Erfahrung lässt uns nun einmal erwarten, dass eben das Subjekt des Hauptsatzes mitgedacht wird. Semantische Detektivarbeit wäre nötig, statt ungestörter Informationsentnahme, die durch die grammatischen Erfahrungen bestimmt ist!

Es ist also der Leser, der einen Anspruch auf grammatisch richtige und pragmatisch geglückte Um-zu-Sätze hat. Er ist es, der möglichst rasch und unmissverständlich wissen will, was der Schreiber oder die Schreiberin gemeint hat. Dass man selbst auch mit ungrammatischen Sätzen richtig gedacht haben kann, ist keine Entschuldigung. Den Leser hat man, zumindest vorübergehend, zum falschen Denken provoziert. Meist ist es ja mit einer Umformulierung getan: Verwendet man in Finalsätzen die Konjunktion *damit*, statt eine Konstruktion mit *um … zu*, wenn in Haupt- und Nebensatz nicht das gleiche Subjekt gedacht werden kann, so funktioniert es in den meisten Fällen. Aber es gibt auch noch andere elegante Möglichkeiten, das Problem zu lösen. Mit denen sollten sich die Schüler in der folgenden Sprachdenk- und Sprachtrainingseinheit einmal befassen.

Für ein Satzgefüge mit finalem Infinitivsatz gilt in den überwiegenden Fällen: Im Hauptsatz muss derjenige, der etwas beabsichtigt, an Subjektstelle stehen; nur dann wird im Infinitivsatz das Subjekt des Hauptsatzes (der Beabsichtigende) mitgedacht. Die „Subjektkontrolle" gelingt. Gerät der Beabsichtigende, was beim Schreiben manchmal passiert, an eine andere Stelle, muss man entweder den Hauptsatz so umformulieren, dass der Beabsichtigende die Subjektstelle einnimmt (Beispielsätze: von e zu c), oder der Infinitivsatz muss in einen Konjunktionalsatz mit *damit* umformuliert werden.

Material

Experimente mit Finalsätzen

Ausgangssätze:
Felix nimmt die Anhalterin im Auto mit.
– Die Anhalterin möchte noch heute Abend Hamburg erreichen.

Satzgefüge:
(a) Felix nimmt die Anhalterin im Auto mit,
   damit sie noch heute Abend Hamburg erreicht / erreichen kann.
(b) Die Anhalterin wird von Felix im Auto mitgenommen,
   damit sie noch heute Abend Hamburg erreicht / erreichen kann.
(c) Die Anhalterin wird von Felix im Auto mitgenommen,
   um noch heute Abend Hamburg zu erreichen / erreichen zu können.
(d) *Felix nimmt die Anhalterin im Auto mit,
   um noch heute Abend Hamburg zu erreichen / erreichen zu können.

Produzieren Sie nach dem vorgegebenen Beispiel aus den Sätzen 1–7 jeweils mindestens drei Finalsatzgefüge (grammatisch richtige oder falsche, mit * gekennzeichnet); mindestens zwei von ihnen sollten jeweils grammatisch richtig sein. Unterstreichen Sie in den falschen Um-zu-Sätzen die Wörter, welche die missverständliche Beziehung aufbauen.

Umformungen in jeweils drei Satzgefüge

1. Carlo bringt Sina zum Bahnhof.
   – Sie möchte ihm aus dem abfahrenden Zug noch einmal zuwinken.

2. Der Polizist erklärte den Schülern den Weg durch die Stadt.
   - Sie möchten auf dem schnellsten Weg zum Stadion gelangen.
3. Die Mutter schickt ihre Tochter auf die Universität.
   - Die Tochter soll dort studieren.
4. Arbeitslose führten zu Tausenden Protestaktionen durch.
   - Sie möchten höhere Arbeitslosenunterstützung erhalten.
5. Der Lehrer schrieb für seine Schüler den Text in deutlicher Schrift an die Tafel.
   - Die Schüler sollten ihn gut lesen können.
6. Die Universität hat die Forscher mit Videokameras ausgestattet.
   - Die Forscher sollen Bilder von Seelöwen und Walen einfangen.
7. Ein Reiseunternehmen nahm erste Buchungen von Passagieren entgegen.
   - Diese wollen als Erste den Mond besuchen.

Zusatzaufgabe: Umformungen in jeweils sechs Satzgefüge

8. Die Nachhilfelehrerin half dem Schüler.
   - Der wollte unbedingt besser werden in Mathematik.
   - Sie wollte ihn in Mathe auf eine bessere Note bringen.
9. Die Soldaten nahmen in ihrem Auto einen Abenteurer aus dem Rebellengebiet mit.
   - Der wollte das Land verlassen.
   - Sie wollten ihn aus dem Land schaffen.
10. Die Schwester deckte den Kranken mit einer Decke zu.
    - Der Kranke sollte nicht frieren.
    - Sie wollte ihn gegen die Kälte schützen.

Und die Erkenntnis: Es ist gut zu wissen, welche kleinen Fallen man einem Leser stellen kann, wenn man nicht weiß, dass er bei Um-zu-Sätzen anders lesen kann, als man selbst gedacht hat. Sich um Sprachrichtigkeit zu bemühen ist in der Regel ja eine Angelegenheit konfliktfreier Kommunikation. Der Leser sollte nicht dadurch – und durch meine Schuld – irritiert werden, dass ich etwas schrieb, was ich anders gedacht habe, als er es vielleicht nur für einen Augenblick lang mir unterstellen konnte. Ich schreibe für Leser ja nicht, „um es möglichst gut zu verstehen", sondern entweder, „damit er es möglichst gut versteht" oder „um möglichst gut verstanden zu werden".

Satzgefüge und Kommasetzung

In der Sekundarstufe II geht man mit einigem Recht davon aus, dass die meisten Schülerinnen und Schüler die Regeln der Kommasetzung weitgehend beherrschen. Deswegen gibt es auch dort kaum mehr Übungen, die diesem Thema gewidmet sind. Andererseits haben es viele Schüler bis dahin doch nicht gelernt, in ihren Texten die Kommas richtig zu setzen. Sollte man deswegen eigens für diese noch einmal einen Kurs in Interpunktion anbieten? Ich denke: so ganz für sich nicht! Aber es gibt bei der Behandlung von literarischen Texten eine Menge Gelegenheiten, das Interesse der Schüler auch auf die Interpunktion zu richten – und dabei über die Kommasetzung hinaus einiges über Stilistik zu lernen. Zum Beispiel über die unterschiedlichen Weisen des Satzbaus bei verschiedenen Schriftstellern.

Der Text von Günter Guben (siehe Material auf S. 172) erhält seine stilistischen Konturen erst durch die Zeichensetzung. Auch ohne Zeichensetzung besäße er sie natürlich! Aber jeweils eine andere bekäme er durch Kommas, Semikolons und Punkte. Erproben wir das doch einmal! Und überprüfen wir, ob er sich bei unterschiedlicher Zeichensetzung auch jeweils anders vorlesen ließe. Gehen wir der Frage nach, ob die unterschiedliche Zeichensetzung etwas mit der Bedeutung des Textes zu tun hat: Tempo, Durcheinander, Langeweile, Stereotypie, Vereinzelung der Figuren auf einer Party o. Ä. Nachdem die Schülerinnen und Schüler in ihren eigenen Interpunktionsversionen den Text vorgelesen und vorgezeigt haben, vergleichen wir diese mit dem Originaltext – und setzen die Interpunktion dort in Beziehung zum Textinhalt. Man gehe auch einmal in Ruhe der Frage nach, warum an manchen Stellen Punkte und keine Kommas – und an anderen wiederum Kommas und keine Punkte gesetzt sind. Man lernt dabei den Punkt als ein deutliches (manchmal auch ironisches) Unterbrechungszeichen, das Komma als ein Übergangs- oder

Zusammenfassungszeichen verstehen. Und es gibt Stellen, an denen zumindest irgendein Zeichen schon aus grammatischen Gründen stehen muss, da die Zeichensetzung, insbesondere die Kommasetzung, im Deutschen eben nun einmal nicht stilistisch-rhetorisch alle Freiheiten eröffnet, sondern nach grammatischen Gesichtspunkten geregelt ist. Das ist z. B. an Stellen mit relativen Anschlüssen der Fall: … *Sagt etwas. Etwas,(!) das stimmt. Etwas, (!) das nicht stimmt…* Oder so: … *Sagt etwas, etwas, das stimmt, etwas, das nicht stimmt…* Oder selbst so: … *Sagt etwas. Etwas! Das stimmt! Etwas, das nicht stimmt?* … Zweimal muss nach *etwas* zumindest irgendein Zeichen stehen!

Ohne auf die Zeichensetzungsregeln hier im Einzeln eingehen zu wollen, sei doch darauf hingewiesen, dass nach der heutigen Interpunktion vor einem *und*, das einen Hauptsatz einleitet, kein Komma stehen muss – aber doch kann.

Visuell veranschaulichen kann man Sätze und Satzgefüge etwa wie folgt:

a) vollständiger, abgeschlossener Hauptsatz:
|““““““““““““““““““|.
Da sitzt man so.

b) unvollständiger Hauptsatz:
““““““““““““|.
Einfach so.

c) Nebensatz:
└─────────────┘.
als ob nichts wäre.

d) unvollständiger Nebensatz:
──────────────┘.
rein gar nichts.

e) Gefüge aus a–d:
|““““““““““““““““““|, ““““““““““““|,
└─────────────┘, ──────────────┘
Da sitzt man so, einfach so, als ob nichts wäre, rein gar nichts.

f) Gefüge mit eingeschobenem Nebensatz:
|““““““““““““ , ““““““““““““““““|.
└─────────────┘,
Da sitzt man, als ob nichts wäre, einfach so da.

> **Material**
>
> **So**
>
> (nach Günter Guben; ohne Satzzeichen)
>
> Da sitzt man so und da redet man und da betrachtet man sich und da lächelt man und da denkt man sich was und da redet man wieder was und das glaubt man vielleicht gar nicht und da sitzt man halt.
> Da sitzt man also betrachtet sich gegenseitig lächelt nickt sich zu sagt etwas etwas das stimmt etwas das man vielleicht glaubt etwas das man vielleicht nicht glaubt so sitzt man da.
> So sitzt man sitzt herum und redet betrachtet das Gegenüber man lächelt man nickt ist freundlich zeigt die Zähnchen so sie geputzt sind oder sonst irgendwie anschaulich dann redet man was man so annimmt oder glaubt vielleicht nicht glaubt davon worauf man steht worauf man sitzt worauf man eben so sitzt und eben so sitzt man da sitzt so oder so na halt so da einfach so da.

g) Gefüge mit vorangestellten Nebensätzen verschiedenen Grades:

|"""""""""""""""""""""|.
|⎯⎯⎯⎯⎯⎯|,
        |⎯⎯⎯⎯⎯⎯⎯|,
Als ob nichts wäre,   was man zu sagen hätte,   sitzt man einfach so da.

Eine Satzfolge sähe bei Guben in einer solchen Veranschaulichung dann folgendermaßen aus:

1 *So sitzt man.* **2** *Sitzt herum und redet.* **3** *Betrachtet das Gegenüber.* **4** *Man lächelt.* **5** *Man nickt,* **6** *ist freundlich,* **7** *zeigt die Zähnchen.* **8** *So sie geputzt sind oder sonst irgendwie anschaulich.* **9** *Dann redet man.* **10** *Was man so annimmt.* **11** *Oder glaubt.*

1|"""""""|. 2|"""""""|. 3|""""|. 4|""""|. 5|""""|, 6|""""|" 7|""""|. 9|"""""""|.
                                                        8|⎯⎯|.   10|⎯⎯|.11 |⎯⎯|.

Was dabei anschaulich wird: die Vereinzelung kurzer, vollständiger und selbst unvollständiger Hauptsätze, die Verselbstständigung sogar von

So

(von Günter Guben; Originalinterpunktion)

Da sitzt man so. Und da redet man. Und da betrachtet man sich. Und da lächelt man. Und da denkt man sich was. Und da redet man wieder was. Und das glaubt man vielleicht gar nicht. Und da sitzt man halt.
Da sitzt man also. Betrachtet sich gegenseitig. Lächelt. Nickt sich zu. Sagt etwas. Etwas, das stimmt. Etwas, das man vielleicht glaubt. Etwas, das man vielleicht nicht glaubt. So sitzt man da.
So sitzt man. Sitzt herum und redet. Betrachtet das Gegenüber. Man lächelt. Man nickt, ist freundlich, zeigt die Zähnchen. So sie geputzt sind oder sonst irgendwie anschaulich. Dann redet man. Was man so annimmt. Oder glaubt. Vielleicht nicht glaubt. Davon, worauf man steht. Worauf man sitzt. Worauf man eben so sitzt. Und eben so sitzt man da. Sitzt so oder so. Na halt so. Da. Einfach so da.

Aus: Fritz Pratz (Hg.): Neue deutsche Kurzprosa. Frankfurt a. M.: Diesterweg, 1979, S. 45

Nebensätzen. Fast jede Aussage und Teilaussage von der anderen durch einen Punkt getrennt. Ikonographie der Interpunktion: Vereinzelung der Menschen in der Situation der Kommunikation. Vorstellbar ist, dass man diesen Interpunktionsstil beim Vorlesen auch durch Pausen hörbar macht.

Ganz anders die Interpunktion bei Reinhard Lettau. Aber auch dies wollen wir erst einmal erproben – natürlich erst, nachdem die Schüler in den Text als Ganzes Einsicht genommen haben; denn es geht ja darum, mit der Zeichensetzung eine Inhalt-Form-Einheit herzustellen.

Hier sei, was die Regularitäten betrifft, darauf hingewiesen, dass Infinitivsätze nicht durch Komma vom Hauptsatz abgetrennt werden müssen, – aber können. Ansonsten ist hier, viel deutlicher noch als in dem Text von Guben, darauf zu achten, dass an bestimmten Stellen ein Satzzeichen stehen muss, wiederum aus grammatischen Gründen. Wir hatten ja schon

Gäste

(nach Reinhard Lettau; ohne Satzzeichen)

Es klopft an der Tür Manig erhebt sich schreitet zur Tür öffnet sie lässt einen Herrn eintreten beide stehen nebeneinander dann wendet sich Manig um schließt die Tür nimmt neben dem Herrn Aufstellung im gleichen Schritt kommen beide hierher Manig weist ihm einen Platz zu hält ihm den Stuhl der Herr setzt sich „Ein Gast" sagt Manig wir betrachten den Gast.
Wieder klopft es gleich springt Manig auf knöpft die Jacke bis obenhin zu schreitet zur Tür öffnet sie unter der Tür steht ein Herr der in zwei drei Sätzen an Manig vorbei die Mitte des Zimmers gewinnt dort stehen bleibt während Manig hinter ihm die Tür zuwirft neben ihm Aufstellung nimmt nach einem Zuruf ihm in kurzen Schritten vorauseilt einen Stuhl zeigt ihn dort zu sitzen nötigt „Ein Gast" sagt wir betrachten den Gast.
Es klopft die Tür fliegt auf ein Herr tanzt herein hat uns schon mehrmals umtanzt als Manig die Tür schließt Arm in Arm umkreisen beide den Stuhl auf dem der Herr vibrierend niederfällt während Manig „Ein Gast" sagt wir betrachten den Gast.
Es klopft Manig erhebt sich unter der Tür steht ein Herr der Herr steht gebückt druckt sich an Manig vorbei schließt zusammen mit Manig die Tür humpelt hierher findet dem eilenden Manig voran einen Stuhl lässt sich spreizbeinig nieder und sinnt „Kein Gast" sagt Manig wir rücken zusammen.

Gäste

(von Reinhard Lettau; Originalinterpunktion)

Es klopft an der Tür, Manig erhebt sich, schreitet zur Tür, öffnet sie, lässt einen Herrn eintreten, beide stehen nebeneinander, dann wendet sich Manig um, schließt die Tür, nimmt neben dem Herrn Aufstellung, im gleichen Schritt kommen beide hierher, Manig weist ihm einen Platz zu, hält ihm den Stuhl, der Herr setzt sich, „Ein Gast", sagt Manig, wir betrachten den Gast.
Wieder klopft es, gleich springt Manig auf, knöpft die Jacke bis obenhin zu, schreitet zur Tür, öffnet sie, unter der Tür steht ein Herr, der in zwei, drei Sätzen an Manig vorbei die Mitte des Zimmers gewinnt, dort stehen bleibt, während Manig hinter ihm die Tür zuwirft, neben ihm Aufstellung nimmt, nach einem Zuruf ihm in kurzen Schritten vorauseilt, einen Stuhl zeigt, ihn dort zu sitzen nötigt, „Ein Gast", sagt, wir betrachten den Gast.
Es klopft, die Tür fliegt auf, ein Herr tanzt herein, hat uns schon mehrmals umtanzt, als Manig die Tür schließt, Arm in Arm umkreisen beide den Stuhl, auf dem der Herr vibrierend niederfällt, während Manig „Ein Gast" sagt, wir betrachten den Gast.
Es klopft, Manig erhebt sich, unter der Tür steht ein Herr, der Herr steht gebückt, druckt sich an Manig vorbei, schließt zusammen mit Manig die Tür, humpelt hierher, findet, dem eilenden Manig voran, einen Stuhl, lässt sich spreizbeinig nieder und sinnt. „Kein Gast", sagt Manig. Wir rücken zusammen.

Aus: Reinhard Lettau: Schwierigkeiten beim Häuserbauen.
Auftritt Manigs. © Carl Hanser, München/Wien 1979.

Material

Äußerer Zwang

Eine Parodie auf Thomas Bernhard (ohne Kommasetzung)
Die Mitglieder der Familie Schubenreuth waren vor Gericht gestanden weil sie sich ihre zum Winken herausgeholten Taschentücher in dem Augenblick vor ihre Nasen gehalten hatten und ins Niesen ausgebrochen waren in welchem der Selbstmörder der schon mehrere Stunden von einem Mauervorsprung im vierten Stockwerk des Schöppenstedter Rathauses herunter gedroht hatte er werde sich in den Tod stürzen tatsächlich gesprungen ist. Die zwanzigjährige Tochter der Familie hatte vor Gericht ausgesagt sie habe aus einem urplötzlichen äußeren Zwang gehandelt und musste obwohl sie gesehen habe dass der Selbstmörder seine Drohung wahrmachen würde plötzlich niesen wofür sie das Taschentuch benutzte. Da die junge Freundin des Selbstmörders von allen sechs Familienmitgliedern die mitreißendste Nieserin gewesen war hatte sie die übrigen fünf mit ihrem Taschentuch zum Niesen angesteckt und in dem Augenblick in welchem der Selbstmörder ein liebeskranker Freund der Tochter wie die Zeitung schreibt auf dem Platz unter dem Hause an welchem er sich so lange festgeklammert gehabt hatte aufgeplatzt war hätte sie selbst alle der Niesreiz überwältigt und sie hätten aus diesem Grunde das aufmunternde Winken einstellen müssen. Das Gericht vor welchem die junge Frau welche als erste mit dem Taschentuch das Winken eingestellt und die wie gesagt als die mitreißendste Nieserin unter ihnen als Hauptangeklagte vor dem Gericht gestanden war hatte sich dem Argument des Niesreizes dieser Hauptangeklagten nicht entziehen können und hat wie auch die übrigen fünf Schöppenstedter Familienmitglieder die junge Frau freigesprochen obwohl es naturgemäß nicht von ihrer Unschuld überzeugt gewesen sein konnte. Die Familie Schubenreuth steht seit Jahrzehnten in dem Rufe die beste Winkerfamilie zur Rettung von Selbstmördern der Welt überhaupt zu sein.

Äußerer Zwang

Eine Parodie auf Thomas Bernhard (mit Kommasetzung)
Die Mitglieder der Familie Schubenreuth waren vor Gericht gestanden, weil sie sich ihre zum Winken herausgeholten Taschentücher in dem Augenblick vor ihre Nasen gehalten hatten und ins Niesen ausgebrochen waren, in welchem der Selbstmörder, der schon mehrere Stunden von einem Mauervorsprung im vierten Stockwerk des Schöppenstedter Rathauses herunter gedroht hatte, er werde sich in den Tod stürzen, tatsächlich gesprungen ist. Die zwanzigjährige Tochter der Familie hatte vor Gericht ausgesagt sie habe aus einem urplötzlichen äußeren Zwang gehandelt und musste, obwohl sie gesehen habe, dass der Selbstmörder seine Drohung wahrmachen würde, plötzlich niesen, wofür sie das Taschentuch benutzte. Da die junge Freundin des Selbstmörders von allen sechs Familienmitgliedern die mitreißendste Nieserin gewesen war, hatte sie die übrigen fünf mit ihrem Taschentuch zum Niesen angesteckt, und in dem Augenblick, in welchem der Selbstmörder, ein liebeskranker Freund der Tochter, wie die Zeitung schreibt, auf dem Platz unter dem Hause, an welchem er sich so lange festgeklammert gehabt hatte, aufgeplatzt war, hätte sie selbst alle der Niesreiz überwältigt und sie hätten aus diesem Grunde das aufmunternde Winken einstellen müssen. Das Gericht, vor welchem die junge Frau, welche als erste mit dem Taschentuch das Winken eingestellt und die, wie gesagt, als die mitreißendste Nieserin unter ihnen, als Hauptangeklagte vor dem Gericht gestanden war, hatte sich dem Argument des Niesreizes dieser Hauptangeklagten nicht entziehen können und hat, wie auch die übrigen fünf Schöppenstedter Familienmitglieder, die junge Frau freigesprochen, obwohl es naturgemäß nicht von ihrer Unschuld überzeugt gewesen sein konnte. Die Familie Schubenreuth steht seit Jahrzehnten in dem Rufe, die beste Winkerfamilie zur Rettung von Selbstmördern der Welt überhaupt zu sein.

bei Guben bemerkt, dass selbst Nebensätze durch einen Punkt von ihrem Hauptsatz abgetrennt werden können; irgendein Zeichen jedenfalls muss zwischen Haupt- und Nebensatz stehen. Doch auch aufeinander folgende vollständige Hauptsätze bedürfen in der Regel der Abtrennung voneinander durch ein Satzzeichen, wenn zwischen ihnen keine satzverbindende oder satzentgegensetzende Konjunktion steht. Hier gibt es zwar mehr Lizenz, Punkt, Semikolon oder Komma zu setzen, doch ohne Satzzeichen geht es in aller Regel nicht (vgl. Material S. 174).

Und so sähe die schematische Darstellung mit ihren vollständigen und unvollständigen Hauptsätzen des ersten Satzes (Text auf S. 175) aus, die alle durch Kommas, statt durch Punkte, eng aneinander gerückt sind:

|""|, |""|, """|, """|, """|, |""|, |""|, """|, """|, |""|, |""|, """|, """|, |""|, """|, |""|, |,""|.

Syntaktisch völlig anders gestaltet ist die Parodie *Äußerer Zwang* auf Thomas Bernhards kurze Geschichte *Innerer Zwang* (siehe Praxis Deutsch, Heft 147/1998, S. 59 ff.; Original in: Thomas Bernhard: Der Stimmenimitator. Frankfurt/M. 1978; Abdruckgenehmigung nicht erhältlich). Der Text besteht aus nur fünf Sätzen, die allerdings recht komplizierte Gefüge bilden. Hier geht es also nicht mehr um mögliche stilistische Alternativen in der Zeichensetzung (Kommas oder Punkte) wie bei den beiden anderen Texten, sondern allein um die Kommasetzung. Allerdings steht hier hin und wieder die Möglichkeit offen, nähere Erläuterungen oder parenthetische Einschübe durch Doppelkommas herauszuheben, also mehr Kommas zu setzen, als es durch die von grammatischen Regeln bestimmte Kommasetzung vorgeschrieben ist. So könnte man zum Beispiel im letzten Satz *seit Jahrzehnten* besonders betonen, indem man es durch Doppelkomma aus dem Satz ausgrenzt: *Die Familie Schubenreuth steht, seit Jahrzehnten, in dem Rufe, …* – wie es etwa den Interpunktionsstil Kleists auszeichnet. Doch im Wesentlichen geht es um die richtige Kommasetzung.

Die schematische Veranschaulichung lässt hier den hypotaktischen Gefügestil dieser Parodie (und natürlich auch den Thomas Bernhards) sehr gut deutlich werden: Ein diskursiv-erörternder Text mit ironischen Zügen, in dem es um die krause Logik der Verteidigung geht, der zudem, auch im Original, von parodistischen Merkmalen journalistischer Schreibweise bestimmt ist. Er könnte von dem Sprecher eines regionalen Rundfunksenders gesprochen sein, der sich darum bemüht, eine Nachricht möglichst gut zu referieren und zu begründen. Das gerät ihm dann, insbesondere im vorletzten Satz, der syntaktisch schwer durchschaubar ist, da nicht alle Nebensätze vollständig sind, sehr umständlich. – Der erste Satz sieht in schematischer Darstellung so aus:

1 *Die Mitglieder der Familie Schubenreuth waren vor Gericht gestanden,* **2** *weil sie ihre zum Winken herausgeholten Taschentücher in dem Augenblick vor ihre Nasen gehalten hatten* **3** *und ins Niesen ausgebrochen waren,* **4** *in welchem der Selbstmörder,* **5** *der schon mehrere Stunden von einem Mauervorsprung im vierten Stockwerk des Schöppenstedter Ratshauses gedroht hatte,* **6** *er werde sich in den Tod stürzen,* **7** *tatsächlich gesprungen ist.*

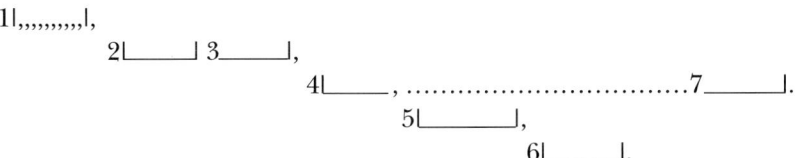

Stellt man die Satzschaubilder der drei Texte einmal gegenüber, so wird der unterschiedliche syntaktische und interpunktionelle Stil besonders deutlich. Solche Analysen lassen sich ergänzen durch Untersuchungen von Texten an Kleist, Thomas Mann, Grass, Dürrenmatt usw., wie wir sie in den Heften 90/1988 und 147/1998 von Praxis Deutsch vorgestellt haben. Das sind experimentelle Stilanalysen, die die Aufmerksamkeit auf die Interpunktion und auf die Kommasetzung im Besonderen richten.

Literatur

Augst, Gerhard: Soll die Schule Sprachnormen als fest, wandelbar oder veränderbar lehren? In: Der öffentliche Sprachgebrauch, Bd. III. Stuttgart 1982.
Duden: Die Grammatik. Band 4. Mannheim 1998.
Duden: Richtiges und gutes Deutsch. Bd. 9. Mannheim 1985.
Dudenredaktion (Hg.): Schülerduden. Grammatik. Mannheim 1998.
Eisenberg, Peter: Grundriss der deutschen Grammatik. Stuttgart, Weimar 1994.
Eisenberg, Peter: Grundriss der deutschen Grammatik. Das Wort. Stuttgart, Weimar 1998.
Eisenberg, Peter; Wolfgang Menzel: Grammatik-Werkstatt. Praxis Deutsch, Heft 129/1995.
Engel, Ulrich: Deutsche Grammatik. Heidelberg 1988.
Feilke, Helmuth: Wie gut das/dass alles wächst! – Zur Konstruktion sprachlicher Struktur im Schriftspracherwerb. In: SPASS. Schriftenreihe der Universität-GH-Siegen, Heft 1/1998.
Grass, Günter: Der lernende Lehrer. In: Die Zeit, 21/1999, S. 41–43.
Helbig, Gerhard; Joachim Buscha: Deutsche Grammatik. Leipzig 1991.
Hinney, Gabriele: Wenn einer in der Famile den „h-Tick" hat. In: Praxis Deutsch, Heft 124/1994.
Hinney, Gabriele: Neubestimmung von Lerninhalten für den Rechtschreibunterricht. Frankfurt a. M. 1997.
Kappest, Klaus-Peter: Rekodierungen auf dem Weg zum „Komparativ". In: SPASS. Schriftenreihe der Universität-GH-Siegen, Heft 3/1998.
Menzel, Wolfgang: Zeitformen. In: Praxis Deutsch, Heft 42/1980; Nebensätze. In: Praxis Deutsch, Heft 90/1988; Adjektiv. In: Praxis Deutsch, Heft 106/1991; Beziehungswörter. In: Praxis Deutsch, Heft 151/1998.
Menzel, Wolfgang: Leseübungen. Braunschweig 1990.
Menzel, Wolfgang; Günter Rudolph: Unser Wortschatz. Braunschweig 1998.
Ortmann, W.: Hochfrequente deutsche Wortformen, Bd. III. München 1979.
Peyer, Ann; Paul R. Portmann: Norm, Moral und Didaktik – Die Linguistik und ihre Schmuddelkinder. Tübingen 1996.
Schneider, Wilhelm: Stilistische deutsche Grammatik. Freiburg 1969.
Spiegel, Ute: Förderung der Rechtschreibleistung im 3./4. Schuljahr. Fallstudien zur Einführung selbstständiger Lern- und Arbeitsstrategien im Unterricht. Diss. Augsburg 1999.
Ulrich, Winfried (Hg.): Wort, Satz, Text. Braunschweig 1998.
Weinrich, Harald: Textgrammatik der deutschen Sprache. Mannheim 1993.

Sachregister

Adjektiv	13, 16, 33, 51, **56 ff.**, 66, 86 f., 90, 107
Adverb	13, 16, 56, 59, 132, 134, 136
Adverbial, adverbiale Bestimmung	47 f., 49, 56, 83
Akkusativ	91
Akzentuierung	142 f., 146
Artikel	33, 35, 38, 51, 91 ff., 125
bestimmter – unbestimmter	56, **124 ff.**
Attribuierung	**51 ff.**, 92
Attribut	76 f., 90
Ausrufezeichen	41
Begleiter	34, 37 f., 51, 56
Begründungssatz	115
Betonung	74, 142 ff., 146
Beziehungswörter	132
Dativ	91
Dehnungs-h	**99 ff.**
Demonstrativpronomen	94, 97
Doppelkonsonanz	7, 25, 27 f., 31
Ersatzprobe	49, 79
Fantasiewörter	26
Fehler	10, 28, 133
Finalsätze	**165 ff.**
Formen	12
Fragezeichen	41
Funktion	12
Futur	72, 160
Gegensatzbeziehungen	**134 ff.**
Gleichsetzungsnominativ	81 f., 84
Grammatik	11, 13 f., 16 f., 25, 32, 133
formal	8
funktional	8 f., 12
Grammatikunterricht	
induktiv	9, 15
integrativ	9, 133
situationsorientiert	8 ff.
systematisch	8 f.
Großschreibung	25, 32 ff., 38, 41, 85 ff.
Hauptsatz	98, 114 f., 122, 165 ff., 171 ff., 178
Infinitivsatz	82, 165 ff., 173

Interpunktion	170 f., 173, 178
Kategorien	14 f., 17, 37, 54, 57, 133
Kategorienbildungs-, Kategorisierungsprozess	16, 49, 78, 133
Kausalsatz	11, 115
Kern	57
Kleinschreibung	85 ff.
Komma(-setzung)	41, 44, 98, **170 ff.**
Komparativ	107
Kongruenz	82, 84 f.
Konjunktion	55, 94, 98 f., 132, 134, 136, 173, 178
neben-, unterordnende	136
Konjunktiv	12, **157 ff.**
Melos	142
Namen	32, 34 f., 37 ff., 92
Nebensatz	98, 114, 123, 165 f., 171 ff., 178 f.
Nomen	32 f., 35 ff., **51 ff.**, 55, 62 f., 65, 86, 92 f.
Nominativ	79 f., 83
Objekt	46 ff., 82, 166
Operationen	12
Passiv	11, 79
Passivsatz	47, 79 f., 166
Pausen	143
Perfekt	72, 134, 160
Peripherie	57
Plural	56
Plusquamperfekt	160
Prädikat	49, 79, 82
Präposition	55, 66 f., 92 f.
Präsens	72, 134, 160
Präteritum	72, 134, 160
Pronomen	66
Prosodie	141, 144
Prototyp	57, 78 f.
prozessorientierte Methode	16
Punkt	41 f., 44, 170, 178
Rechtschreibfehler	31
Rechtschreibung	25, 32, 99
Relativpronomen	95, 99
Rhema	144 ff., 147
Rhetorik	**140 ff.**

Satz	**41 f.**
Satzgefüge	165
Satzglied	15, **46 ff.**, 56, **72 ff.**, 147
Satzgliedstellung	143 ff.
Schulgrammatik	10 ff., 14, 37 f.
Semikolon	41, 170
Silbe	27 f., 31, 143
silbentrennendes h	101
Silbenaufbau	29
Singular	56
Steigerung	108, 112
Stilistik	**140 ff.**
Subjekt	46 ff., **78 ff.**, 83, 166 f.
Subjektsatz	82, 84
Substantiv: siehe Nomen	
Substantivierung	63
Tempo	143, 170
Thema	144 ff.
Thema-Rhema-Struktur	146 f., 153
Umstandsbestimmungen	49
Umstellprobe	15, 46, 72, 75 f., 81
Und-da-Anfänge	41
Verb	**62 ff.**, 72, 80, 82 f., 98
vergleichen/Vergleich	14, **107 ff.**, 113 f.
Vokal	19, 29, 31, 101, 106
Wortarten	54 ff., 64, 85
Wortstellung	140 f., 143
Zeitformen	**67 ff.**
Zeichensetzung: siehe Interpunktion	

Einblicke in die Deutschdidaktik

JÜRGEN BAURMANN |
CLEMENS KAMMLER |
ASTRID MÜLLER (HRSG.)

Handbuch Deutschunterricht

Theorie und Praxis des Lehrens und Lernens

16 x 23 cm, 424 Seiten

ISBN 978-3-7727-1072-8, € 29,95

Die Deutschdidaktik kann auf sehr differenzierte Forschungsergebnisse zurückgreifen, zu denen neben traditionellen Forschungsrichtungen innerhalb der Literatur- und Sprachdidaktik neue Themen wie die Auseinandersetzung mit dem medialen Wandel und seinen Konsequenzen für die Beschäftigung mit Sprache und Literatur hinzugekommen sind.

Ergebnisse aus den verschiedenen deutschdidaktischen Teildisziplinen, ihren Themen und Fragestellungen vereint das vorliegende Handbuch. Der Band umfasst 88 Beiträge zu allen Lernbereichen des Deutschunterrichts und zu lernbereichsübergreifenden Themen. Die einzelnen Beiträge geben in kompakter Form einen Einblick in aktuelle deutschdidaktische Fragestellungen und verdeutlichen die entsprechenden Konsequenzen für die Unterrichtspraxis.

Unser Leserservice berät Sie gern:
Telefon: 0511/4 00 04 -150
Fax: 0511/4 00 04 -170
leserservice@friedrich-verlag.de

www.klett-kallmeyer.de